다
좋은
세상

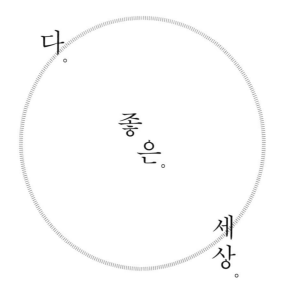

다. 좋은. 세상.

전헌

어떤
책

시작은 지난가을 서울사이버대학교에서 진행한 강연이었습니다. 이후 편집자와 수차례 주고받은 이야기와 지난 십수 년간 썼던 글들이 더해져 한 권의 책이 되었습니다. 그런데 이 책은 저만의 것도 아니고, 제 얘기를 각고의 노력으로 다듬은 편집자의 것도 아닙니다. 독자 여러분의 것입니다. 제가 이 책에서 말하는 내용은 아주 오래전부터 사람들이 해 오던 이야기이고 누구나 이미 다 알고 있는 이야기이니까요. 여러분들이 다 알고 사는 이야기라서 아마 이 책을 읽고 그러실 겁니다. '이거 내 책이네! 내가 책은 못 쓰지만 나더러 책을 쓰라면 내가 이렇게 썼겠어!' 그럼에도 제가 굳이 책을 내는 이유는 다 아는 이야기를 우리가 종종 잊어버리기 때문입니다.

　　책 쓸 엄두도 못 내며 지냈는데 도서출판 어떤책

다 좋은 세상

에서 제 강연을 듣고 이렇게 가꿔 주셔서 덕분에 책이 되었습니다. 제가 공부하면서 살면서 배운 것이 참 고맙고 기뻐서 나눈 이야기가 《다 좋은 세상》입니다. 읽어 보시고 더 배워야 할 것도 알려 주십시오. 고맙습니다.

2016년 3월

전헌 올림

더하는 말.
여보, 책은 독자들께 바치는 것이지만
지난 50년 버리지 않고 지켜 준 당신의 사랑 덕분에
책이 명패를 달았네요. 고마워요.

1장

어, 있네?
　　　좋네!

다 좋은 세상이다

——— 세상을 원망 않고 사람을 깔보지 않으며
있는 그대로 배워 알면 다 좋은 세상이다.
알고 보니 나는 하늘에 있다.
《논어》

오늘 여러분과 나눌 이야기의 주제는 '다 좋은 세상'입니다. 제가 이 주제로 글을 쓰고 강의를 한 지가 벌써 몇 해 되었습니다. 대학교 강의실, 국제학술대회, 나랏일 하는 분을 만난 자리, 단둘만의 개인적인 대화 등 다양한 상황에서 '다 좋은 세상'을 이야기했습니다.

제가 철학을 한다 신학을 한다 하며 사니까 사람들이 이것저것 많이 묻습니다. 그럴 때마다 제가 자주 그럽니다. "거, 다 좋은 세상인데 웬 걱정을 그리 하십니까."

세상이 다 좋다고 하면 다들 좋아할 것 같았습니

다. '그렇지, 그렇고말고. 세상이 다 좋으니까 우리가 죽어라 고생을 하고 아무리 괴로워도 아침에 눈을 뜨고 밥을 먹고 열심히 사는 거지. 세상이 다 안 좋다면 뭐 그렇게 애쓸 필요가 있겠어?' 하면서요.

얼마 전, 평생 정신과의사로 일하다 은퇴한 분의 초대로 어느 모임에 나갔습니다. 그때도 늘 하던 대로 다 좋은 세상 얘기를 했더니 정신과의사 분의 기색이 무거워졌습니다. 굉장히 당황한 기색이 역력했습니다. 그런 표정을 짓는 얼굴들을 가만 보면 속으로 이렇게 말하는 듯합니다. '말이나 돼? 아니, 살아 본 사람이 왜 그래? 하루를 넘기기가 무섭게 끔찍한 일, 싫은 일, 나쁜 일을 밤낮 겪는 게 인생인데, 어쩌자고 다 좋은 세상이라고 그래?'

어떤 사람은 제발 말 같지도 않은 얘기 그만했으면 좋겠다고 합니다. 다 좋은 세상이라고 하다가 다칠까 봐, 또는 예기치 않았던 어려운 일을 당하면 며칠 못 갈 텐데 하면서 저를 아끼느라 걱정합니다. 그런데요, 제가 42년생입니다. 고생도 할 만큼 하고 나이도 먹을 만큼 먹었습니다.

한편, 제 이야기를 가만 듣다가 '정말 그런 것 같아!' 하는 사람도 있습니다. '처음에는 어처구니가 없었는데 역시 나도 다 좋은 세상이라서 이렇게 속을 썩이면서도 사는 게 틀림없는 것 같아.' 그런 사람은 왠지 기분

다 좋은 세상

이 좋고 편안하다고도 합니다. 여기에 이르면 다음엔 이상한 일이 벌어집니다. 사는 게 기분 좋으면 자기가 죽을 때가 돼도 기분 좋게 죽음을 맞이합니다. '사는 것도 기분 좋은데 죽는다는 게 뭐 대수겠어? 사람치고 다 죽게 마련인데 나 죽을 때도 기분 좋게 죽으면 되잖아?'

제가 참 복이 많게도 아버님과 장인어른 임종을 모두 치렀는데요, 그 경험이 소중했습니다. 두 분 다 아주 편안하게 숨을 거두셨습니다. 아버님 돌아가실 때 '이 좋은 세상, 참 잘 살았어. 정말 잘 있다 가. 그러니까 너희들도 재밌게 살아. 그리고 이제 나 가는데, 어디 가는지는 몰라도 세상에 나쁜 데가 있겠어? 나도 좋은 데 가' 하시는 것 같았습니다.

그래도 눈물이 나죠. 앞으로 손도 못 붙잡는다고 생각하면 이제 끝장이 난 것 같아서요. 그런데 장례식 치르는 3일 동안 문상을 받으면서 자꾸 기쁘다는 느낌이 들었습니다. 아버님이 아흔 평생을 사시다가 이제 어디로 가셨는지는 모르지만, 있는 건 우주밖에 없는 건데 우주가 밑도 끝도 없이 영원무한하다고 하는데 아버님이 어딘가 계신 거겠구나 싶었습니다. 어디 계신지는 우리도 가 보면 알 테니 더 걱정할 일은 아니겠다 싶었습니다.

문상 중에 우리 상례에 정통한 한 어른이 오셔서 상을 당해서 얼마나 괴롭냐고 위로해 주셨습니다. 제가

13

"괴로울 것 같았는데 사실은 기쁩니다" 그랬더니 그분이 도대체 아버지가 돌아가셨는데 기쁘다니 말이나 되느냐고, 상을 당하면 곡을 해야 하는 거지 어째자고 벙글벙글 웃고 앉아 있느냐고 했습니다. 상을 당하면 슬프기 마련이고 공자도 상은 슬프다고 말합니다. 이런 일이 있을 정도로 제 감정이 슬픈 가운데 기뻤습니다.

아버님 돌아가시고 또 한 가지 배운 게 있습니다. 아버님이 살아 계실 때는 제가 찾아가 뵈어야 아버님 뵙는 시간인 줄 알았습니다. 이제 아버님이 돌아가시고 나니까 꼼짝도 못하겠어요. 아버님이 만날 저하고 같이 계세요. 제가 찾아뵙고 안 뵙고와 무관하게 항상 '사람 노릇 잘하고 있냐?' '세상 다 좋은 거 알고 열심히 살고 있어?' 이러시는 것 같아요. 제가 살아 보니까 살아 계신 아버님보다 돌아가신 아버님이 무섭다면 더 무섭습니다.

제가 이런 얘기를 풀어놓는 이유는 여러분께 한 가지 단단히 챙겨 주고 싶어서입니다. 사실은, 세상이 다 좋지 않으면 우리가 아무리 궁리를 해도 살 기운이 없습니다. 기운이 쪽 빠집니다. 그런데도 우리는 왜 다 좋지를 않다고 느끼는 걸까요?

학교나 교회 등 어디서나 우리는 세상에 나쁜 게 엄청 많고 열심히 산다는 건 나쁜 것들을 찾아서 없애는 거라고 배웁니다. 반대로 좋은 것은 찾아서 더 많이 확보

다 좋은 세상

하며 살아야 한다고 배웁니다. 그러나 좋다고 붙잡았던 것도 손아귀에 들어오면 별로인 것 같습니다. 이번엔 다른 게 좋아져서 이내 좋은 걸 하나도 못 가지고 있는 것처럼 느낍니다. 내 손에는 좋은 게 하나도 없습니다. 오히려 좋은 건 항상 밖에 있습니다.

나쁜 것을 제거하자는 얘기는 굉장히 오래전부터 있었습니다. 오래된 문헌이 대개 5천 년 됐다고 하는데 그런 문헌에도 나쁜 것은 찾아 없애자는 얘기가 천지입니다. 그러나 여러분 요즘 보세요. 나쁜 게 하나도 없어지지 않았습니다. 점점 나쁜 게 많아지는 것 같다고도 하고요. 나쁘다는 건 아무리 없애도 없어지지 않는 것 같다고 하니까요. 열심히 좋은 거 챙기고 정신 바짝 차리면 나쁜 거는 제쳐 버릴 수 있을 것 같지만, 결국 힘만 들고 맥만 빠집니다. 자다가도 생각해 보면 헛산 것 같습니다.

석가모니, 공자, 소크라테스, 예수의 정답

다 좋은 세상*이 더할 나위 없는 배움이라는 것,
그것을 아는 만큼 정의와 그밖에 모든 것들이
유용하고 유익하게 된다는 것.
플라톤, 《국가》 * hē tou agathou idea

철학은 동양이나 서양이나 마찬가지로 사람 사는 세상이
어떤지 묻고 알려는 공부입니다. 사람이 세상에 태어나
살다 보면 좋은 세상 같다가도 어느새 속절없이 나쁜 세
상 같아 감정이 상합니다. 좋은 세상이 틀림없다면 세상
이 나쁘다는 마음은 잘못 알아 그런 것이 되고, 나쁜 세상
이 정말이라면 세상이 좋다는 마음은 착각이 됩니다. 한
편 좋기도 하고 나쁘기도 한 것이 세상이라면 사는 일이
좋은지 나쁜지 갈피가 안 잡히고 부질없이 느껴집니다.

석가모니와 공자는 동양에서, 소크라테스와 예수

다 좋은 세상

는 서양에서 이구동성 사람 사는 세상은 좋은 세상임이 자명하다고 밝혔습니다. 인류는 2천 년이 넘도록 이들을 큰 스승으로 널리 추앙하고 있고요.

사람 사는 세상이 좋지 않다면 굳이 산다는 것이 좋을 턱이 있겠습니까. 본디 나쁜 세상이라면, 세상이 나쁘다고 사람이 힘들어할 이유가 없습니다. 그런데 세상이 나쁘다고 하면 왜 그렇게 힘들죠? 사람은 사람 사는 세상이 나쁠 리가 없다는 사실을 스스로 아는 것입니다. 사람이 나쁜 세상을 좋아한다거나, 또는 좋은 세상을 싫어한다면 스스로 속고 속이는 셈입니다.

인류의 큰 스승들은 한결같이 사람 사는 온 천지가 다 좋다는 진리야말로 철학의 유일한 정답임을 거푸거푸 밝히고 또 밝힙니다. 그런데 그것이 누구나 다 알 수 있는 자명한 진리이며 유일한 정답이라면 인류의 큰 스승이란 무슨 소용이며 철학이 무슨 공부가 되겠습니까. 아무도 알 수 없는 것을 아는 것도 아니고 아무도 풀지 못하는 수수께끼를 푼 것도 아닌데 말입니다.

그럼에도 우리에게는 큰 스승이 필요합니다. 사람이라면 누구나 아는 다 좋은 세상을 혹여 잊고 살지 않게, 모른 채 함부로 살지 않게 하기 위해서입니다. 큰 스승이 두고두고 고마운 이유는 알 길이 아예 없는 것을 알게 해 주어서가 아닙니다. 정작 알고 보니 으레 스스로 알아서 살 수 있음에도 여태 헤매고 지냈던 것을 다시금 다짐하고 나 스스로 살아가게끔 챙겨 주기 때문입니다. 괴롭고 슬프고 힘들고 아프고 캄캄해도 좋은 세상은 버젓하기에 믿고 참고 배우며 알아서 기꺼이 살라고 해 주는 것입니다.

이쯤 되면 21세기의 지성인들은 반사적으로 혼란스러워집니다. 세상에는 정답이 없으며 더욱이 철학에는 정답이 있을 수 없다는 오래된 수업 효과가 몸에 배어 있기 때문입니다. 정답이 없는 것이 정답이라며 저마다 한 세상 저 좋을 대로 산다고 한 지가 인류의 문명사만큼 오래되었습니다. 저마다 좋을 대로 살고도 모두 좋을 수 있다면 오죽 좋겠습니까. 그러나 정답이 없고 사람 사는 세상이 다 좋다는 것도 틀리다면서 믿을 수 없는 세상이라고 저마다 서로를 해치며 살고 있습니다.

무엇을 하며 어떻게 살고 죽든 사람은 누구나 스스로 좋은 세상에 좋은 사람으로 살아야 성이 찹니다. 그것만큼 자명한 진리가 없습니다. 학문은 사람이 다 좋다는 것과 사람 사는 세상이 다 좋다는 것을 다짐하는 공부입니다.

다 좋은 세상

우리는 이미 알고 있다

—— 각각의 사물이 특정한 방식으로 존재하며 작용하는 한,
완전성은 그 사물의 본질이다.
스피노자, 《에티카》

우리는 있는 것을 '진리'라고 합니다. 꾸며 내는 것도 만들어 내는 것도 있는 것으로 합니다. 다 좋은 세상이 아니라면 세상이 왜 있을까요? 내가 왜 여기 있을까요? 있는 것이 좋은 것입니다. 좋은 것은 있습니다. 그렇다면 나도 좋은 것 아닐까요?

　나라는 게 뭡니까. 물론 여기 이 몸뚱이가 저입니다. 몸뚱이 빼놓으면 나라는 말은 하기가 힘듭니다. 제 몸뚱이가 없어지면 여러분은 제가 없다고 생각할 겁니다. 몸뚱이가 제일 중요합니다. 그런데 몸뚱이를 얘기할 경우, 이 몸이라는 게 가만히 있습니까?

제 몸뚱이는 70년 전에도 있었습니다. 앞으로 한 시간을 더 살는지 100년을 더 살는지 모르지만 어떤 때는 '이거, 내일 해가 뜰까?' 하는 생각만으로 가슴이 쿵쾅쿵쾅합니다. 아직 일어난 일도 아닌데 그런 생각이 제 몸을 가만히 내버려 두지 않습니다. 어떨 때는 1년 뒤에 우리 대한민국이 아직도 여기 있을까 생각하면 갑자기 등골이 오싹해집니다.

사람이, 몸이 느낀다는 건 이런 겁니다. 지금이 아니라 옛날 일도 그렇게 느낍니다. 옛날이라는 게 경험한 바 있는 옛날을 말하는 게 아닙니다. '2천 년 전에 젊은 사람이 덜컥 잡혀 가서 십자가에 못 박혀 죽었대' 하면 누군지는 몰라도 '아, 그럴 수가?' 하면서 몸이 편치 않습니다. 남의 얘긴데도, 오래전 얘긴데도 그렇습니다.

어느 날 한 학생이 찾아왔습니다. 어떤 과학자가 계산을 했는데 이런 식으로 가다 보면 지구가 천 년을 못 간다는 얘기를 들려줍니다. 천 년 뒤에 우리가 여기 없을 텐데, 걱정할 일이 아닌 것 같은데 그 학생이 "지구가 천 년 뒤에 없으면 어떡해요!" 그럽니다. 어떤 학생은 웁니다. 이런 얘기 하면서 울어요. 이게 무서운 사실입니다. 실제 있었던 일도 아니고 기억도 아닌데 그저 말이 왔다 갔다 하는 것만으로도 우리 몸이 가만히 있지 않습니다. 왜 그럴까요? 우리 몸이 생겨 먹기를 그렇게 생겨 먹었습

다 좋은 세상

니다. 사실이 그런 것입니다. 진실이 그런 것입니다.

우리가 사실이다, 진실이다, 진리다 얘기할 때 증명하기에 가장 좋은 실험장이 바로 우리 몸입니다. 몸이라는 게 보이는 것만 보고 들리는 것만 듣고 누가 와서 꼬집으면 그때 '아야' 하는 것 같지만 그건 그냥 꼬집으면 아프다는 걸 알려 주는 것이고 우리 몸은 그게 다가 아닙니다.

지난번에 우주선이 명왕성을 지나갔다고 하니까 사람들이 환호성을 터뜨리며 좋아했습니다. 우주선이 명왕성 옆을 지나가면 어떻고 아니면 어떻습니까? 그게 우리 저금통장에 돈을 보태 줍니까? 우리하고 무슨 상관입니까? 그렇다면 왜 좋아하는 거죠? 화성에 물이 있을는지 모른답니다. 뭔가 생명체가 있을지 모른답니다. 그런데 그 사실에 우리가 왜 기뻐하죠?

자칫 잘못하면 잊어버리고 말지만, 잠깐 있다 없어지는 것 같고 엄마 아빠 덕분에 처음 생겨난 것 같지만 우리의 몸은 사실은 밑도 끝도 없습니다. 이를 '영원무한' 하다고 합니다. 몸은 지금 당장 보는 것, 내 기억이 감싸는 것, 혹은 내 상상의 날개가 뻗칠 수 있는 미래의 것에 그치지 않고 내 상상도 넘고 내 기억도 담을 수 없는 어떤 일까지도 다 염려합니다.

유아독존과 독생자

《요한복음》1장 14절에 '독생자'라는 말이 나옵니다. 그리스어로 모노게네스(monogenēs)입니다. '하나님의 독생자'라는 구절은 어머니와 아버지가 나라는 한 인간을 낳았다는 말입니다. 그러니 성경에 나오는 쌍둥이도 독생자입니다. 쌍둥이인 '야곱'과 '에서'도 각기 하나밖에 없기 때문에 그렇습니다. 하나님이 낳아 주신 하나뿐인 인간. 각자가 소중하다는 얘기를 그렇게 한 겁니다. 말이 그렇게 생겼으니 달리 들을 수가 없습니다.

그런데 해석이라는 게 등장합니다. 말을 바꾸는 걸 해석이라고 합니다. 있는 그대로는 해석이 필요 없습니다. 어떨 때는 우리가 "제발 해석 좀 하지 마" 그러잖아요. 있는 그대로 들으면 되지 왜 내 말을 자꾸 해석하냐고 하잖아요. 맞는 말이에요. '독생자'라는 말을 '외아들'이나

'나밖에 없다'로 풀이하는 건 해석입니다. 비슷한 말로 석가모니의 '천상천하 유아독존(天上天下 唯我獨存)'도 있습니다. '이 세상에 오직 하나뿐인 나'라는 말인데 자꾸 해석이 끼어듭니다.

이런 이야기를 내 이야기가 아니고 남의 이야기라고 들으면 '자기만 사람이야? 나도 사람인데' 싶습니다. 정말 그 말이 나만 사람이라는 뜻이라면 '부처님' '예수님'이라고 할 것도 없습니다. 세상에 나밖에 없다고 하면 다른 사람은 보이지도 않는다는 거잖아요. 그런 사람한테 우리가 왜 '부처님' '예수님'이라고 합니까. 말귀를 알아들었기 때문에 '부처님' '예수님' 하는 겁니다. 고마우니까요. 나도 세상에 하나밖에 없다는 얘기로 알아들으니까요.

'천상천하 유아독존'과 '독생자'는 다 좋은 세상과 직결되는 말입니다. 우리 모두 하나밖에 없는 사람이니까 다 좋잖아요. 그런데 그 독생자가 서로를 슬프게도 하고 기쁘게도 하거든요. 나빠서 그런 게 아닙니다. 하나밖에 없으니까 배우지 않으면 그냥 알지 못합니다. '배운다'는 하나밖에 없는 다른 것이 좋은 것을 안다는 말입니다. 그래서 예수가 '여러분, 제게 와서 배우세요' 합니다. 더불어 '제 멍에는 쉽고 가볍습니다'라고 합니다. 멍에는 일의 효율을 높이려고 소에 씌우는 걸 말합니다. 두 마리의 소를 한길로 끌고 나갈 때 필요합니다. 공동생활이라는 게 두 마리의 소가 함께 가는 것과 같습니다. 예수가 자신의 멍에는 쉽고 가볍다는 얘기를 하면서 '여러분을 쉬게 하겠습니다'라고 말합니다. 이게 예수가 자기에게 배우라는 말의 핵심입니다.

있으니까 좋다

———— 사람들은 삶에서 무엇을 요구하고 무엇을 성취하고자 하는가?
이 질문에 대한 답은 의심의 여지가 없다.
그들은 행복을 추구한다.
프로이트, 《문명 속의 불만》

제가 다 좋은 세상이라는 말을 할 때는 대개 반문이 나옵니다. "잠깐, 북한의 김정은도 좋습니까?" 그럼 제가 그럽니다. "아, 좋으니까 살겠다고 그러는 거지 좋지 않으면 뭘 그렇게 애를 써서 핵무기를 만들어 지키겠다고 하겠습니까?" 글쎄요, 말이 되는 것 같기도 하고 아닌 것 같기도 하죠?

제가 잘 아는 어떤 학생이 버스에서 내리다가 오토바이에 받혀서 몸도 다치고 너무 놀라서 학교를 제대로 나오지 못했습니다. 같이 수업 듣는 학생들이 물었습니다. "오토바이 타고 폭주하면서 막 배달하는 사람들도 좋습니까?" 그래서 제가 대답했습니다. "나는 좀 불편할지 모르지만 열심히 살겠다고 오토바이 타며 배달하는 것이고 자기들 나름으로 좋은 세상이니 열심히 살겠다는 건데 그걸 불편하다, 나쁘다 그래 놓으면 어떡하겠습니까. 그 사람들도 좋고 나도 좋을 수 있도록 서로 살피고 배우며 사는 게 사람이 공부하는 맛 아닐까요?"

저는 찰스 다윈을 좋아합니다. 찰스 다윈이 하는 얘기가 바로 '세상 다 좋다'입니다. 세상이 좋으니까 열심히 공부해서 사는 것입니다. 그러다 보면 모르던 좋은 것들을 자꾸 배우게 됩니다. 옛날에는 독거미가 나쁜 줄 알았는데 이제는 독거미를 이용해서 병도 고칩니다. 밥에는 곰팡이가 슬면 다 버렸다고 하지만 곰팡이로 만든 페니실린은 폐렴을 치료합니다. 인류의 문명이 어떻게 발전했는가 살펴보면 나쁘다고 생각했던 것, 저런 건 왜 있는지 모르겠는 것, 있는 줄도 몰랐던 것을 '세상에 있는 게 나쁘겠어? 들여다보면 다 좋지' 한 덕분입니다. 그러다 보면 백발백중 다 좋다는 게 증명돼서 그 덕분에 살기가 좋아졌습니다.

얼마 전 미국 신문에 40~50대 자살률이 증가하고 있다는 기사가 났습니다. 큰일 났다는 내용이었습니다. 마흔이고 쉰이면 원기도 왕성하고 인생도 알 만큼 아는 참으로 좋은 나이입니다. 사람이라는 게 참 묘해요. 다 좋은 세상이 아닌가 봐 그러면서 죽을 생각을 하는데 그때 죽는 게 나쁜 줄 알면 죽을까요? 안 죽죠. 사는 게 힘들고 더 살고 싶지 않아서 갈 곳을 찾는데 죽는 게 나쁘다고 하면 갈 리가 만무해요. 사는 것은 나빠도 죽는 것은 좋다는 이상한 생각을 하는 거예요. 사나 죽으나 나쁘기는 마찬가지라며 일부러 죽을 리도 없고요.

여러분, 세상이 안 좋다 싶으면 행복하지도 않고 살고 싶지도 않은 게 사람입니다.

소크라테스가 말하는 다 좋은 세상

2500년 전 소크라테스는 책은 쓴 것도 없고 그저 여기저기 얘기를 하고 다니던 사람이었습니다. 그러던 중 아테네 시의회에서 소크라테스에게 젊은이들을 잘못 지도하고 있다고 사형 선고를 내립니다. 당시는 아테네가 스파르타와 전쟁을 하고 패배한 뒤였어요. 당국은 스파르타에 설욕전을 하겠다고 하는데 소크라테스는 젊은이들에게 왜 군대에 가서 그 아까운 생명을 버리냐며 패잔국이라고 꼭 나쁜 게 아니라고 설득합니다. 대신 나쁜 게 뭐였나를 잘 챙겨 살면 오히려 나중에 스파르타가 부러워할 좋은 나라가 될 수 있다고 안심시킵니다. 지금까지 싫어했던 것, 왜 있는지 이해가 되지 않았던 것만 골라서 공부하면 세상이 다 좋다는 걸 알고 진짜 살맛 날 거라고요.

아테네 시의회 입장에서는 소크라테스를 가만히 내버려 뒀다가는 젊은이들을 군대에 소집하기가 어려워지게 생겼거든요. 그러면 무슨 수로 스파르타를 이기겠습니까? 소크라테스에게 독약이 내려집니다. 소크라테스가 독약 먹고 죽을 때 장면이 아주 흥미롭습니다.《파이돈》이라는 책에 그 장면이 남아 있습니다. 소크라테스 친구가 말합니다.

> "소크라테스, 자네에게 약을 줄 사람이 아까부터 내게 말하기를, 이야기를 가능한 한 적게 하라고 자네에게 일러 주어야 한다는군. 이야기를 하면 열이 지나치게 나게 되는데, 약에 그러한 영향을 주어서는 안 된다는 거야. 그러지 않으면, 그렇게 하는 사람들은 때로 두 번이나 세 번을 마셔야만 한다는군."

이어 소크라테스가 자신이야 죽어도 좋은 데 갈 테니 자기 걱정은 하지 말라고 답합니다. 오히려 자네들이 걱정이라고 하면서요. 독약 먹고 죽는 걸 큰일 날 것처럼 얘기하는 자네들이 걱정이라고요. 살아야만 좋고, 죽으면 나쁘다고 생각하는 너희들이 오히려 걱정이라는 얘기입니다. 다 좋은 세상 어디 가겠냐고요.

"그는 내버려 두고, 이제 나는 재판관인 그대들에게 논변을 제시하고자 하네. 진정으로 철학 속에서 삶을 보낸 사람이 죽게 되었을 때 확신을 가지는 것, 그리고 자신이 최후를 맞이하면 저승에서 최대의 좋은 것을 얻게 되리라는 희망을 가지는 것이 어떻게 내게 그럴 법해 보이는지를 말일세."

더불어 지금 숨 넘어가기 전에 꼭 하고 싶은 한마디는 세상에 있는 것치고 파리 한 마리도, 병균 한 덩어리도 좋지 않은 게 없다고 합니다. 잘 모르니까 저것 때문에 큰일 난다고 하는 거지, 배우면 좋음을 알 거라고 합니다. 《국가》라는 책에서는 개가 낯선 사람을 보면 짖는 것을 두고 이 문제를 다룹니다. 개는 모르는 사람을 보면 그 사람이 이전에 자기한테 나쁜 일을 한 적이 없는데도 짖고, 반면 아는 사람을 보면 그 사람이 이전에 자기한테 좋은 일을 한 적이 없는데도 반긴다는 얘기입니다. 친구와 적의 구분이 앎과 모름으로 생겨난다고요.

다 좋은 세상

"그건 개가 친한 사람의 모습과 적의 모습을 식별함에 있어서 다름이 아니라 그 모습을 자기가 알아보는가 또는 모르고 있는가 하는 것에 의해서 한다는 점에 있어서일세. 그리고 그게 실로 앎과 모름에 의해서 친근한 것과 낯선 것을 구별한진대, 어찌 배움을 좋아하지 않을 수가 있겠나?"

여기서 배운다는 말은 '있는 것'들을 공부한다는 얘기입니다. 없는 것을 어디 가서 주워 온다는 말이 아닙니다. 배운다는 것은 보자기를 푸는 일입니다. 우리가 보자기를 안 풀어서 그렇지, 문만 열면 나오는 것입니다.

소크라테스의 마지막 장면을 담은 《파이돈》이 우리나라에 출간될 때 책 표지에 자크 루이 다비드의 〈소크라테스의 죽음〉이라는 그림이 함께 실립니다. 이 그림을 보면 소크라테스가 검지를 치켜들고 있습니다. 학생들이 많이들 물어요. 소크라테스가 손가락을 왜 저러고 있냐고요.

그리스에는 유명한 의사가 둘 있었습니다. 하나는 히포크라테스입니다. 히포크라테스는 몸에도 좋은 게 있고 나쁜 게 있다고 하면서 나쁜 건 걷어 내고 좋은 것만 남기면서 병을 고쳐 주는 의사였습니다. 요즘 의사들이 다 그렇기 때문에 의사가 될 때는 히포크라테스 선서

자크 루이 다비드, 〈소크라테스의 죽음〉

를 합니다. 히포크라테스는 중한 병을 고치면 그만큼 돈을 더 달라고 하고, 가벼운 병을 고쳤으면 기분 좋게 '그만 됐습니다' 하기도 했습니다.

　　한편 아테네 사람들이 진정한 의사라고 생각하는 사람은 아스클레피오스입니다. 아스클레피오스가 역사적으로 정말 있던 인물인지, 이름뿐인지는 아무도 모르지만 소크라테스가 살던 시대에 아테네 사람들에게 아스클레피오스는 못 고치는 게 없는 의사였습니다. 사람들은 병이 나으면 "아스클레피오스 덕분에 나았네!" 그랬습니다. "그럼 닭 한 마리 내놔야 하는 거 아니야?" 하면서요. 병이 나을 때마다 사람들이 얼마나 많이 바쳤는지 닭한번 못 먹어 봤던 사람들이 아스클레피오스 덕분에 잘

먹었다고 합니다.

소크라테스가 죽기 직전에 손가락을 들고 나 이제 갈 거야, 하면서 친구에게 했던 말이 "크리톤, 우리는 아스클레피오스에게 닭 한 마리 빚지고 있네. 부디 갚아 주게. 잊지 말고"입니다. 이게《파이돈》에 기록된 소크라테스의 마지막 말입니다. 소크라테스 덕분에 또 가난한 누군가의 집에서 닭 한 마리 잔치 잘했겠죠.

죽음도 염려하지 않았던 소크라테스는 그렇게 악법도 법이고 있는 것은 좋은 것이라며 그 법에 따라 죽습니다.

앎과 믿음이 같은 사람

———— 더는 물을 필요가 없지요. 행복하게 되기를 바라는 자가
무엇을 위해 그러기를 바라는가 하고 말입니다.
그 대답이 질문에 종지부를 찍은 것으로 보입니다.
플라톤,《향연》

스물아홉 살의 청년 플라톤은 사는 게 아주 기뻤던 씨름
장사였습니다. 소크라테스 얘기를 듣고 누구나 그렇게
배워서 평생 살면 되겠다, 씨름도 좋지만 있는 힘을 다해
소크라테스의 얘기를 글로 남겨야겠다 했던 인물입니다.
그는 사람들을 만나서 소크라테스 이야기를 수소문하고
글로 엮었습니다. 기록에는 그렇게 80세가 다 되도록 살
았답니다.

우리가 세상 다 좋다는 얘기를 못하는 까닭이 있
습니다. 암에 걸려서, 시집 장가를 못 가서, 이런저런 사

정들로 세상 다 좋다는 얘기를 못합니다. 소크라테스가 평생을 세상 좋다는 말을 하고 돌아다녔다면, 차마 세상이 다 좋다고 말 못하는 어려운 곡절들, 별의별 사정을 다 들었을 텐데 플라톤은 그때마다 스승은 뭐라고 그러셨을까 궁금했습니다.

소크라테스(기원전 470~399)와 플라톤(기원전 427~347)은 나이 차가 40년 정도 납니다. 《국가》라는 대화록에는 플라톤의 두 형님이 소크라테스와 같이 다니는 걸로 나옵니다. 그러나 플라톤은 그 자리에 없습니다. 그래서 형님을 통해 소크라테스 이야기를 들었다고 합니다. 그 유명한 《향연》도 마찬가지고요.

《향연》은 플라톤뿐만 아니라 크세노폰의 것도 있습니다. 크세노폰도 소크라테스의 제자였어요. 나이는 플라톤보다 위였고요. 이미 크세노폰의 《향연》이 있었지만 플라톤은 소크라테스가 이야기할 때 거기 있었다는 사람 얘기를 듣고 싶었습니다. 그런데 바로 거기 있었다는 사람 이야기가 아니라 거기에 또 몇 다리를 거친 사람의 이야기를 실어요. 그러면 우리는 의심해야 하잖아요. 과연 정말일까?

구석구석 빈 이야기는 플라톤이 메워야 했어요. 남의 이야기를 함부로 쓴다는 생각이 아니었기 때문에 자신 있게 메울 수 있었나 봅니다. 없던 얘기를 쓰게 되더라도 다 좋은 세상이라는 진실이 결국 소크라테스가 하려는 이야기였다는 믿음이 있었고 플라톤 자신이 쓰는 이야기가 바로 다 좋은 세상이라는 진실이었거든요. 플라톤 말년 대화록인 대작 《법률》에서는 소크라테스에게 배운 새로운 나라를 설계하면서 '어떤 아테네 사람'의 이야기라고 할 만큼 자신만만했습니다. 소크라테스가 직접 쓴다고 해도 이렇게 쓸 수밖에 없을 거라는 믿음이 있었던 거죠.

예를 들어 소크라테스가 어느 동네에서 이온을 만났다고 해요. 그래서 이온과의 대화록이 있어요(《이온》). 그러면 이온이 얘기를 해 줬어야 하잖아요. 아니면 소크라테스가 했든가. 그러나 플라톤이 쓴 대화록은 둘 중 어느 누가 들려준 얘기가 아니에요. 건너 건너 들었던 다른 사람들의 이야기예요. 그런데 이야기가 아주 자세해요. 마치 자기가 대화의 현장에 있었던 것처럼 플라톤이 상상의 나래를 편 거예요. '소크라테스 선생님이 이때 이런 문제를 다뤘으면 이렇게 얘기했을 것이다.' 이게 플라톤이 쓴 대화록입니다. 전부 소크라테스 이야기인데도 우리가 그걸 플라톤의 글이라고 합니다. 그러나 플라톤은 어디에도 자기 말이라고 한 적이 없고요. 심지어 플라톤이 남긴 36편의 대화록 중 플라톤 자신의 이름이 등장하는 곳은 한두 군데예요. 《파이돈》에도 소크라테스가 처형되는 날 "플라톤은 병이 났었습니다" 하는 문장 하나에 등장하는 정도입니다. 대화록은 여기저기 연신 "소크라테스 선생님이 그랬습니다"로 돼 있고요. 그러나 소크라테스의 이야기도 아니에요. 그저 다 좋은 세상을 아는 사람들의 이야기예요. 다 좋은 세상이라는 진실을 얘기하는 사람 중 한 명이 소크라테스였고요.

플라톤이 남긴 대화록은 서양 사람들이 여전히 자기들 경전 중에 제일 훌륭하다고 생각하는 작품입니다. 성경 읽으면서 플라톤의 대화록도 같이 읽어 보시면 진리가 더욱 폭넓게 드러납니다. 20세기 철학의 거성 화이트헤드는 2500년 남짓 모든 서양철학은 플라톤의 대화록에 달리는 각주에 지나지 않는다고 평가했습니다. 한편, 화이트헤드 자신만은 예외로 각주라기보다 플라톤을 계승하는 새로운 철학을 내놓았다고 말했습니다. 이런 이야기는 늘 있는 법이지요.

플라톤의 대화록 중에 가장 유명한 게 바로 사랑에 관한 대화입니다. 사랑이라는 게 뭡니까? 다 좋은 세상이 정말 좋아서, 눈에 띄는 누구든 좋다고 하는 게 사랑입니다. 사랑하는 사람은 사람만 사랑하는 게 아닙니다. 모두 다 사랑합니다. 그 내용을 담은 게 바로 《향연》인데 '향연'이라는 말은 같이 모여서 술 마신다는 뜻 아닙니까. 소크라테스 제자 중에 글짓기 대회에서 우승한

아가톤을 축하하기 위해 술자리가 마련되었습니다. '아가톤(Agathōn)'은 '좋은(agathos)' 사람이라는 말입니다. 이때 모인 사람들은 아가톤을 놓고 축하 겸 장난 겸 '좋은 사람이 사랑이나 제대로 알고 시를 쓰는 건가?' 하면서 얘기를 진행하고 있습니다. 소크라테스는 대화에서 일부러 '좋은 것'이라는 단어를 써서 '아가톤, 너 사랑하는 거 맞아?' 하는 식으로 묻죠.

"그렇다면 그냥 '있기를'이라고만이 아니라 '늘 있기를'이라고도 해야 하나요?" 그녀가 말했네. "그것도 덧붙여야 합니다." 내가 말했네. "그렇다면 뭉뚱그려 말하면 사랑은 좋은 것이 자신에게 늘 있음에 대한 것이네요." 그녀가 말했네. "아주 맞는 말씀이십니다." 내가 말했네.

《향연》의 백미는 사랑이 무엇인지에 대해 소크라테스가 디오티마라는 여인을 찾아 나눈 대화를 전하는 대목입니다. 사랑하는 사람들은 세상이 늘 다 좋다는 것을 배워 아는 사람들입니다. 세상이 오늘까지 좋았다고 내일도 좋을지는 기다려 봐야 안다면, 늘 다 좋은 세상을 아는 것이 아닙니다. 내일은 아직 안 와서 겪어 보지를 못했기 때문에 어떨지는 알 수 없지만, 사랑하는 사람들은

다 좋은 세상

내일도 다 좋은 세상임을 아니까 내일을 좋아하고 또 기다립니다. 미리 어떨지 몰라도 다 좋은 세상을 아니까 믿는 것입니다.

이제 믿는다는 말이 뭔가 보십시오. 믿는다는 말은 참 묘합니다. 요즘 특히 우리가 자연과학, 사회과학, 철학 등 학문을 얘기할 때 꼭 끼어드는 말이 있습니다. 믿는다는 것과 안다는 것은 다르다는 말이 그것입니다. 요즘 그거 혼동하면 큰일 납니다. 그런데 여러분, 믿는다는 것과 안다는 것은 다른 말이 아닙니다. 믿음과 앎이 같은 것을 아는 사람들은 믿는다고 하면서 어처구니없는 모르쇠 행동은 하지 않습니다. 또, 믿음과 앎이 같다고 몸이 가르쳐 주는 대로 사는 사람들은 자기가 안다면서 남이 못 믿을 짓은 하지 않습니다.

앎과 믿음이 다르다는 사람들

————— "오얏 꽃이 살랑살랑 나부끼는데 어찌 너를 생각하지 않으려마는
집이 이에서 멀구나!"
공자가 말씀하셨다.
"사랑하지 않는 것이지 어찌 멀겠느냐?"
《논어》

이따금씩 저도 부부싸움을 합니다. 50년 부부 생활 동안
어떻게 싸움 없이 지냈겠습니까. 싸움할 때 늘 입에서 쉽
게 튀어나오는 말이 있습니다. "여보, 당신 나 못 믿어?"
제가 여러 번 해 보니까 "나 못 믿어?" 그럴수록 아내는
더 못 믿겠다는 표정입니다.

믿음은 믿는다고 해서 믿고 안 믿는다고 안 믿는
게 아닙니다. 있는 것 자체는 믿지 않으면 있을 수가 없
습니다. 그러나 믿음을 앞에 내세우면 안 됩니다. 다 좋은

세상인 줄 알았는데 그게 아닌가 봐 하면 믿음이 흔들립니다.

종교 집단의 문제는 믿음을 자꾸 앞세운다는 데 있습니다. "믿지 않으면 못 들어옵니다." 이 말이 문제가 됩니다. 자꾸 믿음이라는 걸 강조하는 사람이야말로 믿음과 아는 게 다르다는 사람입니다. 믿음을 강조하면 상대방이 "왜 자꾸 믿으라고 해요?" 묻게 됩니다. 여기에 "믿으라니까 왜 자꾸 물어?"라고 답한다는 것은 알려고 하지 말고 믿으라는 말입니다. 그렇게 믿음과 앎이 뻑 하고 갈라집니다. 믿음을 앞세우면 알 것을 알지 못하게 됩니다. 결국 알아도 그만이고 믿어도 그만인 세상이 돼 버립니다.

안다는 말과 믿는다는 말은 일체 어긋나는 법이 없습니다. 우리는 숨을 들이쉬고 내쉬면서 살고 있습니다. 숨이 편안하게 넘어갑니다. 이다음 번에 숨이 제대로 돌아 나올지 아닐지 굳이 염려하지 않습니다. 알지는 못하지만 믿고 사는 겁니다. 믿지 않고서는 살기도 지겹고 죽기도 끔찍합니다. 문밖으로 나서기도 두렵고 이러지도 저러지도 못하고 딱해집니다.

과학자들은 아는 사람들일까요, 믿는 사람들일까요? 과학자들도 믿는 사람들입니다. 아인슈타인에게 믿음은 우주는 주사위 굴리듯 종잡을 수 없이 돌아가지 않는다는 것입니다. 종교라면 질색하는 리처드 도킨스를 보세요. 그는 진화의 자연을 철두철미 신봉합니다. 니체의 믿음은 "신은 죽었다"고 해야 사람의 세상이 끄떡없어진다는 것입니다. 종교가 없어야 사람이 더 잘 산다는 반(反)종교인들도 그 믿음이 만만치 않습니다.

학문에서 우리가 정론이라고 알던 것들이 훗날 그렇지 않은 걸로 밝혀질 때가 있습니다. 학자들이 다시 검토해야 하는 일이 생기는 것이지요. 반대로, 아직 알아야 할 게 더 남아 있지만 이 정도면 맞는 이야기라고 믿고 지낼 수 있다고 인정하는 경우도 있습니다. 지금 세상 돌아가는 게 다 그렇습니다. 우리가 아는 대로 이 정도면 믿고 살 수가 있어서 이렇게 건물도 짓고 거기 들어가서 안심하고 생활을 하는 것입니다.

누군가 아무리 오래 앉아 있어도 허리가 아프지 않은 새로운 의자를 발명했다고 칩시다. 아주 편안하게 앉을 수 있도록 신체공학을 열심히 연구했다고 합니다. 전무후무한 디자인이라고 합니다. 여러분에게 그 귀한 의자에 직접 한번 앉아 보라고 권합니다. 그렇게 다 좋다는 말을 해도 여러분이 '그걸 어떻게 믿어?' 하고 의심한다면 굳이 의자에 앉고 싶지 않을 겁니다. 그러나 처음 가 보는 강연장이나 카페의 의자에는 그냥 앉으시죠. 왜 그러시죠? 믿으니까!

다 좋은 세상

2장

당신과
　　　나
　　　　영원히

영원무한토록 좋다

자, 이제 다시 말을 바꿔 보겠습니다. 다 좋은 세상이라고 믿지 않았다면 여러분은 지금 제 앞에 있지 못할 겁니다. 오늘 겪은 일들을 떠올려 보세요. 아무 문제 없이 강연장까지 잘 왔다는 사람도 있겠지만 별의별 일 다 헤치고 겨우 왔다는 사람도 있을 겁니다. 어쩌자고 그러셨죠? 믿음 때문에! 믿음이란 건 진실이고 사실이고 진리라서 알면 좋고 몰라도 어디 안 갑니다.

다 좋은 세상이라는 말은 지금 좋을 뿐만 아니라 영원무한토록 있는 것은 다 좋다는 말입니다. 거기에 내가 빠지면 영원무한에 '빵꾸'가 나 버립니다. 나 자신이 얼마나 큰지 작은지 잘 가늠하기 어렵지만 미생물 하나라도 없어진다면 존재라는 게 그만큼의 구멍이 나 버려서 영원하다는 말은 무효가 됩니다. 하나라도 빠지면 우리 몸이 뭔가 이상하다는 걸 감정은 압니다.

사랑하는 사람들끼리 묻는 질문이 있습니다. "죽어도 나 사랑할 거야?" 여기에 "내가 어떻게 알아?" 하면 안 되죠. "죽어도 사랑하고말고. 난 당신밖에 모르겠어." 그래야 상대방이 기분 좋아요. 사랑은 있는 것에 대한 기쁨이고 있는 건 있다 없다 하는 게 아닙니다. 늘 있는 것이죠.

우리의 몸도 잠깐 있는 것 같지만 영원해요. 시간은 이 끝없는 우주가 빠짐없이 옮겨 다니면서 느끼는 영원의 형체입니다. 영원을 모든 시간의 합이라 친다면 시간의 낱낱이 정해져야 해요. 하나 더하기 하나를 끝없이 할 수 있어야 해요. 그런데 시간의 낱을 찾을 수가 없어요. 시간의 낱이 현미경으로 볼 수 있는 것도 아니고요. 물리학에서 양자니 전자니 하는 것도 들여다보면 그 속에 또 뭐가 있어요. 끝이 없어요. 그래서 제논의 패러독스 (Zeno's paradoxes)에 빠집니다.

1초라도 영원이 드러나지 않은 시간이 없어서 1초만 시간을 즐겨도 영원을 즐긴 겁니다. 반면 시간을 1초들의 합이라고 생각하면 아무리 즐겨도 영원이 아닌 게 됩니다. 시간에 대한 오해가 다 좋은 세상이 아닌가 보다 착각하는 계기가 돼요.

미국 사람들이 무언가 축하할 일이 있을 때 케이크나 파이를 당사자 얼굴에 팍 씌워 줍니다. 재미난 전통이에요. 먹는 거를 아깝게 왜 얼굴에 씌우는지 아세요? 좋은 게 얼굴에 와서 덮쳐도 우리가 모를 때가 있다고, 좋은 거 알고 살라고 그럽니다. '오늘이 얼마나 좋은 날인 줄 알아?' 하는 거죠.

퇴계 이황의 〈천명도설후서天命圖說後敍〉라는 글에 당시성공(當時成功)이라는 구절이 있습니다. 당(當)은 있는 그 자리라는 말입니다. 당시(當時)와 성공(成功)은 꼭 같습니다. 한마디로 다 좋은 세상입니다. 우리가 여기 앉아 있죠? 이 당시가 성공이에요. 퇴계 이황이 성공이 따로 있는 게 아니라는 말을 그렇게 했습니다.

유학자 정지운이 우주와 사람을 관통하는 원리를 그림으로 도식화하면서 이를 〈천명도〉라고 이름 붙입니다. 이것이 선비들 사이에 널리 퍼져 나가요. 정지운이 퇴계에게 이 그림이 과연 맞게 그려졌는지 봐 달라고 합니다. 퇴계는 〈천명도〉를 바로 고쳐 그린 다음 그 자초지종을 풀이하는 〈천명도설후서〉를 쓰는 글에 과객 하나를 등장시킵니다. 그림에 대해 여러 가지 의혹을 제기하는 과객에게 퇴계가 일일이 답하는 내용이 그 글의 알맹이입니다. 역사적으로는 이 그림이 퇴계와 고봉 기대승의 논쟁에 중요한 계기가 되었다고 하고요. 중요한 대목에 중요한 질문을 받고 답을 하면서 퇴계가 당시성공이라고 말한 것입니다. 지금 있는 것, 그것이 얼마나 좋은 일이냐고 말입니다.

불교에서 말하는 돈오점수, 돈오돈수도 시간에 관한 소중한 가르침을 줍니다. 여기서 돈(頓)은 잠깐 있는 시간, 눈 깜짝할 새를 말하는데, 성철은 지눌의 돈오점수론(頓悟漸修論)이 품은 문제점을 꿰뚫어 보고 돈오돈수론(頓悟頓修論)을 펼쳤습니다. 간단히 얘기해 보겠습니다. 돈오점수는 돈오(頓悟), 깨달음에는 돈 자를 쓸 수 있지만, 닦을 수(修)는 시간이 걸리는 일이라 돈 자를 쓸 수 없고 차츰차츰[漸] 해 나가야 한다는 거예요. 그런데 성철은 돈이라는 말에 의문을 제기합니다. 돈은 특별한 한 순간이나 "갑자기"와 같은 어떤 별난 시간이 아니라 언제 어디서나 현존하는 영원이라는 말이라고요. 성철은 점(漸)이라서 차츰차츰 함께 닦아 나가야 하는 일 역시 돈이 아니라면 말이 안 된다고 반박했습니다. 깨달음도 닦음도 돈이지, 영원 바깥에 점이라는 시간이 따로 있지 않다는 말입니다.

시간은 영원의 형체입니다. 성철이 《선문정로禪門正路》(1981)에 쓴 것처럼 "자나 깨나 다름없고[오매일여,

다 좋은 세상

痲寐一如]" "죽었다고 없어지고 산다고 있는 것이 아니라 죽어도 사는 것[사중득활, 死中得活]" "시공을 통틀어 다 환히 드러나고[대원경지, 大圓鏡智]" "있다 없다는 시공의 안팎을 터 버리[내외명철, 內外明徹]"는 것이 돈입니다. 돈은 눈을 감았다 떠도 언제나 있는 것이라서 영원한 게 아니라면 우리가 돈이라는 얘기를 하지 못합니다.

영원에 구멍이 있으면 안 된다는 얘기를 제가 자주 하거든요. 이 순간은 영원이 아닌가 봐 하는 순간 영원은 구멍이 나는 거라 영원이라는 말은 성립이 안 돼요. 그런데 왜 영원이라는 말을 하냐면, 우리의 감정은 늘 영원을 염려합니다. "죽어도 나 사랑할 거야?"라는 말에 "그걸 내가 어떻게 알아?" 하고 답하는 건 상대방의 기분도 엉망으로 만들지만 말이 되는 얘기도 아닙니다. 지금 이 시간도 영원이기 때문에.

이 짧은 시간이 영원이 아니라고 하면 많은 걸 놓치게 됩니다. 뭐가 좋은지를 모르게 되니까요. '옛날이 좋았어. 지금은 아니야.' '지금은 안 좋지만, 나중은 좋을 거야.' 아주 많이들 하는 말이지만, 그 좋았다는 옛날이 좋다는 걸 당시에 알았습니까? 또 나중에 올 시간이 좋을지 지금 어떻게 압니까? 뭐가 좋은지 모르고 마냥 좋지 않다고 하면서 살게 됩니다.

너무 우울하고 힘이 쭉 빠져서 아무것도 못하고

대낮에 드러누워서 이불에서 뒹굴뒹굴하던 시간도 버리지 못한다는 얘기가 영원무한이라는 얘기입니다. 돈수론 돈점론을 얘기할 때 왜 시끌벅적했느냐면 사람들은 성철이 말하는 돈이라는 시간이 따로 있는 줄 알았어요. 그런 건 없는데 말이죠. 모든 게 영원의 한 형체일 뿐, 우리가 떠날 수 없는 지금 이 영원과 별개로 존재하는 시간은 없습니다. 그런데 사람들이 이걸 받아들이지 못하고 따로 있는 그 시간이 과연 어떤 것이냐고 겨루면서 시끄럽게 싸웠습니다. 여러분, 영원이라는 건 깜빡해도 영원입니다.

하나도 빠짐없이 좋다

Let it be, let it be
let it be, let it be
There will be an answer, let it be
비틀즈, 〈Let It Be〉

우리말 공부하는 분께 들었는데 아름답다는 말이 나무가 '한 아름' 할 때 그 아름과 똑같은 뜻이랍니다. 제가 "한 아름이 아니면 아름답지 않다는 건가요?" 물었더니 말귀를 못 알아듣는다면서 가득한 모든 것이 아름답다고 합니다.

한문 공부를 하다 보면 맹자가 아름다움에 관해 '그대로 하나도 빼지 말고 보탤 것도 없이 충실'이라고 하는 대목을 보게 됩니다[충실지위미, 充實之謂美]. '어, 있네? 좋네!' 그걸 아름답다고 합니다. 이때 충과 실 자가 재밌어요. 충(充)은 보탤 게 없다는 뜻입니다. 꽉 차

있어서 보탤 게 없어요. 밖에서 무언가를 가져올 필요가 없다는 말입니다. 식당에서 "더 필요하세요?" 하면 우리가 "충분해요" 답하듯이요. 실(實)은 뺄 게 없다는 뜻입니다. 존재에서 무언가를 빼면 실하지 못한 존재가 되고, 무언가를 더하면 충하지 못한 존재가 됩니다.

어제까지도 저런 건 제발 좀 치웠으면 좋겠다고 생각한 것들을 가만히 들여다보십시오. 지금 사람들이 추하다고 말하며 버리는 것들을 그게 왜 아름다운지 알아만 내면 다 내 것이 됩니다.

요즘에는 예술을 해도 자꾸 줄을 서라고 합니다. 피카소처럼 그려야 한다며 피카소 흉내만 내면 되는 줄 아는데 피카소 좋은 건 사람들이 이미 압니다. 뭐든지, 지금까지 존재에서 빠졌으면 좋겠다고 여겨지던 것만 골라서 그것이 좋은 걸 알게 되는 날 이상한 일이 벌어집니다. 앤디 워홀도 그런 그림 많지 않습니까. 다 쓰고 나서 버리는 건 줄 알았던 깡통을 가만 보니까 참 신통하고 아름다웠습니다. 요즘 한두 푼 가지고는 앤디 워홀 작품 사지도 못합니다.

요즘 한류 한류 합니다. 여러분은 한류가 뭐냐고 물으면 어떻게 대답하실 건가요? 제가 외국 사람들에게 물어봤습니다. 한국의 대중문화가 왜 좋냐고요. 한국은 노래에서도 그렇고 연속극에서도 그렇고, 밉다고 나쁘다고 하는 사람과 밤낮 어울려 돌아가더랍니다. 자기들이 듣기로는 한국 사람들 고생 엄청 하면서 살았다는데 나라가 지금 두 동강이 났다는데 외침도 엄청 당했다는데 사는 거 보면 그저 밤낮 모여 앉아서 먹기 좋아하고 말이죠. 식구들끼리 모이면 욕을 하고 싸우면서도 늘 함께잖아요. 친구 만나면 저놈이 어쩌고저쩌고하면서도 만날 나오라고 불러 대고 안 나오면 또 안 나온다고 더 화내요. "불렀는데 왜 안 나와?" 하면서요. 더 재밌는 것은 친구 만나서 묻는다는 얘기가 "뭐 먹을래?"입니다. 우리는 다 식구(食口)라고 느끼며 사는 사람들인가 봐요. 외국 사람들은 그게 한류라고 느끼는 겁니다.

　　제가 지금 여기 서서도 여러분 보기가 참 기분 좋습니다. 여러분이 세상 다 좋다는 믿음의 증명이기 때문입니다. 《향연》에 질문이 나옵니다. '에로스의 부모님 이름은 무엇입니까?' 이 말이 《향연》에서 가장 중요한 소크라테스의 발언입니다. 질문으로 되어 있지요. 그랬더니 디오티마라는 여인이 아버지의 이름은 포로스(Poros)이고, 어머니의 이름은 페니아(Penia)라고 답합니다[훗날 영어로는 오히려 어머니가 포로스(pore), 아버지가 페니아(penis)로 자리를 바꿉니다]. 포로스는 한자로 부(富)를 말합니다. 어머니는 빈(貧)입니다. 이는 넘쳐흐른다거나 부족하다는 의미가 아닙니다. 아주 오래된 성기에 대한 표현입니다. 특히 엄마와 아빠가 만날 때 모습을 말하는 것입니다. 나중에 프로이트가 이걸 이해합니다.

《향연》에서 소크라테스가 이렇게 묻는 이유가 있어요. 부모님 덕분에 에로스가 있잖아요. 에로스는 이미 사랑의 산물이고 사랑의 완성품이에요. 부모님의 완성에서 자신이 태어났으니까요. 아니라면 태어나는 게 쉬운 일이 아니었습니다. 불발, 이루어지지 않은 성(性)이죠. 부모님을 물었다는 얘기는 사랑은 이미 이루어졌다는 말이에요. 에로스가 사랑을 이루어 주는 게 아니라 그전에 사랑은 이미 이루어진 거라고요. 거꾸로 말하면 에로스가 이미 좋은 존재예요. 태어난 사람 중에서 자기 엄마, 아빠 없는 사람 보신 적 있습니까. 아무도 없습니다. 태어난 사람은 필연으로 받아들일 수밖에 없는 하나의 진리가 있는데 엄마 한 사람, 아빠 한 사람이 꼭 있어야 사람이 태어난다는 사실입니다. '나'는 필연입니다.

자기가 좋은 줄을 모르면 좋은 일을 찾는다면서 하는 일이라는 건 좋지 않다고 버리는 것뿐입니다. 《향연》에 다 좋은 세상이 등장하는 계기가 바로 그겁니다. 여러분, 지금까지 살아오면서 후회하는 일도 많았겠지만 그때는 그게 좋은 줄 알고 했던 거예요. 안 그렇다면 우리가 후회할 일을 왜 했겠어요. 들여다보면 세상에 버릴 일 하나 없어요.

다 좋은 세상

알고 싶은 세상

우리가 벌이는 일들 가운데 많은 것들이 다 좋은 세상인 줄 알고 하는 일입니다. 연극이고 영화고 무용이고 음악회고 일부러 우리가 어디를 가서 보겠다는 겁니다. 싫을 것 같으면 굳이 가서 볼 필요가 없습니다. 좋을 것 같으니까 여러 작품들을 즐깁니다.

얼마 전 모딜리아니의 〈누워 있는 나부〉라는 그림을 중국 거부가 사들였습니다. 1억 7040만 달러에 낙찰 받았는데요, 그렇게 큰돈을 주고도 좋아하는 것이라면 사는 게 사람입니다.

연휴에 공항에 가 보면 사람들로 아주 붐빕니다. 항공료가 보통 비싼 게 아닌데 가 보지도 않은 땅에 가겠다고들 합니다. 뭐가 있을는지 모르는데 소문만 듣고 간다고 그래요. 가 보면 분명 좋으리라는 생각에 길을 나서는 겁니다. 두려움과 걱정을 무릅쓰고 떠납니다. 다 좋지 않으면 그렇게 하지 않습니다. 자전거, 오토바이, 자동차, 지하철, 항공, 선박 등 교통수단들 모두 더 멀리 가서 더 많이 알고 싶은 사람들 덕에 계속 발전합니다.

요즘 중국 사람들이 아이폰을 많이 쓴다고 합니다. 시장점유율이 상당히 높다고 하는데요, 중국 사람들이 돈이 많아서 아이폰을 사는 게 아닙니다. 통장에 딱 아이폰 한 대 살 돈만 가진 사람도 삽니다. 아이폰을 열기만 하면 온 세상이 그 안에 들어 있으니까요. 뉴스, 영화, 음악, SNS, 게임 등 자기가 부르기만 하면 관련된 내용이 다 나오는 거예요. 애플이 하루아침에 마이크로소프트를 뛰어넘은 데는 중국 사람들 덕도 컸습니다.

중국 사람들은 정부가 내보이길 꺼려하는 정보들도 아이폰을 통해 다 봅니다. 정부가 사이트를 차단해 버리면 또 다른 사이트가 생기는데 정부보다 아이폰 들고 있는 사람들이 먼저 알아요. 막지를 못해요. 중국 정부 입장에서는 부정적인 정보가 있다고 보지 말라는 건데 중국 사람들은 그저 좋아서 볼 뿐이에요. 세상에 알고 싶은 좋은 것들이 그렇게 많대도요. 페이스북이며, 트위터는 말할 것도 없죠!

다 좋은 세상

다 좋은 세상인 줄 모르면 전쟁 난다

—— 공자가 말씀하셨다.
"《시경》 300편을 한마디로 말하면
생각에 사악함이 없다는 것이다."
《논어》

칸트는 자신의 비판철학 체계를 마무리하는 말년의 저서
《이성의 한계 안에서의 종교》(1794)에서 인류는 악과 투
쟁해야 한다고 말합니다. 나쁜 것을 없애야 한다고요.

도덕적으로 선한 인간이 되기 위해서는 우리 인류
안에 놓여 있는 선의 싹을 한낱 방해 없이 발전시키
는 것만으로는 충분하지 않다. 오히려 우리 안에 있
으면서 대립적으로 작용하는 악의 원인을 무찌르지
않으면 안 된다.

'인간이 자유롭다'는 것, 인간이 "죄의 법칙 아래의 노예 상태에서 벗어나 정의로움을 위하여 산다"는 것, 이것이야말로 그가 싸워서 얻을 수 있는 최고의 소득이다. 그렇기는 하지만 그는 여전히 악한 원리들의 공격에 내맡겨져 있고, 끊임없이 시련당하고 있는 그의 자유를 고수하기 위해서는 언제나 계속해서 투쟁을 위한 무장을 하고 있지 않으면 안 된다.

지금 이슬람국가(IS)도, 선진강국들도 저마다 같은 이야기를 합니다. 나쁜 것이 있다며 사람들이 벌이는 어처구니없는 일들입니다. 저마다 자기가 좋다고 하니까 뭐가 좋은지는 싸워서 가려 보자는 것입니다. 그러다 보니 싸우는 방법이 정규 군대에서 테러행위로, 화생방무기나 핵무기로, 경제 분야에서의 전쟁으로까지 이어지며 이기는 게 최선이라는 주의로 퍼집니다.

얼마 전에도 미국 캘리포니아 샌버나디노의 장애인복지시설에서 총기 난사 사건이 있었습니다. 자기 나름의 '지상천국'을 이루기 위해 이런 행동을 하는데, 그건 누가 봐도 어처구니없는 일입니다. 세상에 나쁜 게 있어서 없애야겠다는 일입니다.

세상에 나쁜 건 없습니다. 제가 이렇게 말하면 교과서와 다르잖아요, 하는 사람들이 있습니다. 그런데 여러분, 지금 제 얘기를 왜 듣고 계시죠? 가만히 생각해 보면 나도 학교 다닐 때 교과서와 내 생각이 다르다고 느낄 때가 있었을 거예요. 나름대로 모범생이었지만 교과서처럼 살지 않았기 때문에 지금 여기에 우리가 와 있는지도 모릅니다. 내가 알아서 한 거죠. 하지만 시험을 보거나 사회에 나가서 공인으로 나설 때는 교과서와 다른 이야기를 한다는 데 엄청난 부담을 느끼게 됩니다. 그래서 자꾸 질문이 생기는 거예요. 하지만 우리가 대중에 혼란을 주려고 이런 이야기를 하는 게 아닙니다. 대중에게 자기를 내세우려 하고 자기가 올라가야 사회가 발전하는 줄 아는 사람들에게만 일을 맡겨 둘 수가 없으니까 우리가 이런 이야기를 나누고 있습니다.

칸트의 비판철학이 21세기까지도 군림하는 이유는 그 철학이 옳기 때문이 아닙니다. 나쁜 게 따로 있다는 사람들이 세계를 좌지우지하도록 우리가 내버려 두고 있기 때문입니다. 그런 사람들은 '천상천하 유아독존'은, '독생자'는 당신의 이야기가 아니라고 합니다. 예수와 석가모니의 말을 있는 그대로 듣지 않고 제 주장대로 해석하는 사람들입니다. 알려 하지 말고 믿으라고만 하는 사람들입니다.

칸트는 《영구평화론》(1795)에서 평화를 희구하지만, 자신의 학문이 엇갈리는 파탄을 수습할 방도가 없었습니다. 칸트의 후예로서 학문의 구세주를 자처하며 나서는 헤겔도 전쟁영웅 나폴레옹을 흠모하며 "전쟁정신이야말로 인간정신의 본질"이라고 못 박습니다.

> 전쟁이란 인류적 실체의 본질적인 요소, 즉 인륜에 기초한 자기존재가 일신상의 모든 것을 내던지는 데서 누리는 절대의 자유가 현실 속에 확연한 모습을 드러내는 정신의 형태이다.　－헤겔,《정신현상학》

전쟁정신은 선진국을 모델로 삼아 국가 발전을 도모하는 모든 나라에 세계정신으로 군림하고 있습니다. 그런 사회에서는 전쟁능력이 실용성을 판가름하는 기준이 됩니다. 그런데 전쟁정신에 사로잡힌 이런 사회조차 예외 없이 평화를 추구하고 표방합니다. 전쟁정신과 전쟁능력을 평화 실현의 필수 불가결한 요건으로 전제하면서요. 전쟁능력이 없으면 평화를 유지할 수 없다는 것이 전쟁주의가 다지는 역사적 실정이고 정치적 원리이기 때문입니다. 이런 사회는 정치, 경제, 외교, 군사, 기업, 문화, 교육, 예술, 복지, 종교, 환경 등 모든 분야에 걸쳐 전쟁 행위를 정당화합니다. 군사 활동만이 아니라, 인간의 모든 조직 활동을 전쟁체제로 총괄합니다. 어느새 전략, 전술, 전투력, 무기, 명령계통, 투지, 정보, 기밀, 첩보, 기만, 심리전 같은 군사 용어들이 일상생활에 쓰입니다.

전쟁정신은 가정을 최소한의 휴식을 보장하는 병영의 내무반처럼 효율화하고 문화, 예술, 스포츠, 여가 활동 전반을 전투병들의 사기를 진작하는 군부대 위문 공연처럼 활용합니다. 개인은 모든 분야에 걸쳐 하나의 무기로서 실용성을 평가받고 그 전쟁수행 능력에 따라 등급이 확연한 조직 체제에 배치됩니다. 이런 조직에서 개인은 소속감과 계급의식으로 단련됩니다.

애덤 스미스의《국부론》(1776)을 보면 공격보다는 방위에 훨씬 돈이 많이 든다는 얘기가 나옵니다. 문명국가일수록 방위에 돈을 많이 써야 합니다. 그래야 전쟁을 막습니다. 요즘도 국가의 정책은 이와 다를 바 없습니다. 애덤 스미스는 역사 공부를 굉장히 철저히 한 사람입니다.《국부론》이 역사를 이야기하고 있고요. 전쟁을 도발하는 사람들이 야만인이라면 문명의 확산과 문명국들의 막강한 방위능력 덕분에 벌써 전쟁은 옛날 얘기가 되었겠지요. 애덤 스미스는 오히려 문명강국들이 앞장서서 전쟁을 일삼고 있어서 경제 논리가 뒤죽박죽되는 것이라고 논증합니다. 그런데 전쟁을 위주로 살다 보면 안 그럴 수가 없어요. 이것이 애덤 스미스가《국부론》제5권에서 문명국가를 비판하면서 푼 얘기입니다.

역사를 분석하면 모든 투쟁과 불평등은 전쟁의 원

인이 아니라 전쟁이 원인입니다. 전쟁정신은 절대 자유를 추구한다는 구실로 평등과 기회와 자유를 잠식하고 파괴합니다. 전쟁주의는 세계화를 도모한다며 전쟁을 수단으로 삼아 지구를 끝없는 분쟁과 테러로 균열시킵니다.

다 좋은 세상

다르니까 좋다

───── 즐거운 것은 같아서이다.
받드는 것은 달라서이다.
같으니까 마주 좋고
다르니까 마주 높인다.
《악기》

요즘 통유리가 쓰인 카페나 집이 많습니다. 그런 공간에 들어서면 사람들이 탁 트였다고 쾌적하다고 해요. 열려 있다고요. 문이 없는 벽인데도 열려 있다는 묘한 환상이 듭니다. 바람이 통하지 않는데도 보이는 것만으로 자기가 바깥에 있는 것 같은 기분입니다.

　　한국 전통건축은 모든 게 문으로 돼 있습니다. 벽이 아닙니다. 창호지 문이 건물을 둘러싸고 있고 열면 열립니다. 우리도 신라 시대부터 유리가 있었거든요, 모래로 유리를 만드는 기술은 있었습니다. 그런데 우리는 창호지를 썼습니다. 창호지는 안 보이는 것 같아도 숨을 쉬므로 열려 있는 게 맞습니다.

숨 쉬는 게 중요하다는 얘기는 동양은 물론이고 서양의 고전에도 나옵니다. 소크라테스가 말한 프뉴마(pneuma), 바람이죠. 유리는 바람을 차단합니다. 저기 바깥에 있는 사람이 느끼는 바람을 나는 못 느낍니다. 그러나 우리의 눈은 시원합니다.

다 좋은 세상이라는 건 유리도 좋은 세상입니다. 창호지와 유리가 다른 줄 알아야 둘 다 좋은 줄을 압니다. 다 좋다면서 유리와 창호지가 다른 줄 모르면 그 또한 다 좋은 걸 즐기는 게 아닙니다. 유리 집에 있을 땐 '잘 보이네, 밖은 아무리 추워도 여기는 따뜻하네' 하면서 즐길 수 있어야 하고 창호지 집에 있을 땐 '보이지 않아도 알겠네, 바람이 느껴지네' 하면서 즐겨야 합니다. 그러니까 다 좋은 세상이죠.

우리는 세상에 나쁜 게 있는 줄 알고 늘 걱정합니다. 그런데 세상에 나쁜 게 있고 좋은 것도 있고, 혹은 세상이 나빴다 좋았다 하면 정신이 흔들립니다. 키에르케고르와 프로이트가 말한 '불안'이죠. 요즘 하는 말로는 '조울증'입니다. 아침에는 좋아서 입꼬리가 이만큼 올라가고, 저녁에는 기분이 뚝 떨어져서 이제 어떻게 사냐고 걱정을 합니다. 조울증 환자가 따로 있는 게 아니에요. 세상이 다 좋다는 거 챙기지 못하면 우리가 다 조울증 환자입니다.

걱정 없이 살면 세상이 어떻게 돌아갈까요? 우리가 푹 퍼져 살까요? 다 좋은 세상이면 내가 할 일이 뭐가 있을까요? 다 좋은 세상은, 지금까지 나쁘다고 생각하던 것을 계속해서 건드려 보고 안 해 보던 일 해 보고 만들어 보지 않았던 것 만들어 보는 세상입니다. 이러다 보면 우리가 알던 다 좋은 세상보다 더 좋은 세상이 됩니다. 진짜 다 좋은 세상은 무궁무진 끝도 없이 크다는 걸 알기 때문에 다 좋은 세상인지 아는 사람은 가만 있지 않는데도요.

있던 건 나빠지고 이제 좋은 게 생겨서 '더 좋다'는 말이 아닙니다. '더 좋다'는 말은 지금도 좋았는데 좋은 줄을 아직 몰랐던 것도 알고 나니 좋구나 하는 말입니다. 이렇게 사는 세상은 다리가 부러져도 암에 걸려도 지진이 나도 미세먼지가 들이닥쳐도 배우고 싶은 다 좋은 세상입니다.

사서와 사복음서

제가 대학원생들과 '다 좋은 세상'이라는 제목으로 수업을 진행한 적이 있습니다. 이 수업은 아주 간단합니다. 사서와 사복음서를 같이 읽고 다 좋은 세상을 확인하는 겁니다.

사서(四書)는 《논어》《맹자》《대학》《중용》이에요. 《대학》과 《중용》은 《예기》에 들어 있던 공자의 글인데, 12세기에 주자가 따로 떼어서 《논어》《맹자》와 같은 이야기를 하고 있다고 해서 네 개를 묶어 사서라고 했습니다. 공자가 철학을 몇 마디로 줄이면 인의예지(仁義禮智)라고 했고, 사서가 바로 그 이야기를 하고 있습니다.

사복음서는 30세에 나타난 예수의 3년을 다룬 책이에요. 예수 본인은 책을 쓰는 사람이 아니었을 뿐더러 예수를 따라다니던 사람들도 대개 일반인들이었습니다.

다 좋은 세상

예수가 사람들과 만나서 주고받았던 이야기들이 사방에 퍼져서 예수가 죽은 뒤에도 예수 예수 하면서 사는 사람들이 뜻밖에 엄청 많았습니다. 300년 후에 로마가 기독교를 국교로 선택할 정도였어요. 학자마다 의견이 분분하긴 하지만 고고학 연구가 진행될수록 예수가 죽은 다음 꽤 오랜 시간이 흐른 뒤에 사복음서가 쓰여졌다는 데 힘이 실리고 있습니다. 그렇게 되면 사복음서를 쓴 사람 중에 예수를 본 사람은 아무도 없는 셈입니다. 소크라테스와 플라톤과 비슷하다고요.

《마태복음》은 계보로 시작됩니다. 예수의 족보가 이렇습니다 하는 거지요. 그런데 족보를 읽어 보면 족보 같지가 않아요. 별의별 게 다 들어가 있어요. 우리나라 비빔밥 같아요. 마치 '다 좋은 세상이니까 별의별 게 다 섞여서 예수입니다' 하는 것 같아요. 족보 다음에 마태가 하고 싶은 얘기가 있어요. '나라'라는 개념이 국경을 가리키는 게 아니라 함께함을 나타낸다는 말이요. 이스라엘이라는 나라는 옛날부터 떠돌아다니는 유목민들이 함께했기 때문에 자기네가 사는 데가 나라지 국경에 갇혀 있는 게 아니며, 하나님의 나라가 따로 있지 않다는 겁니다. 다 좋은 세상 이야기를 하는 거죠.

《마가복음》은 비교적 간단해요. 하나님의 얘기는 여기 있어야지, 다른 데 있다고 하면 말이 안 된다는 메

시지를 강조해요. 예수는 이런 내용을 가르치는 사람이고 여기 우리가 있는 곳이 하나님의 나라가 아니라면 도대체 무엇이냐는 거죠.

《누가복음》의 누가는 의사였어요. 증명을 중요하게 여겼어요. 총독에 해당하는 정치지도자 데오빌로스에게 이것은 의사가 확인한 얘기라면서 글을 씁니다. 읽어보면《마태복음》이나《마가복음》에 있는 얘기가 계속 나오는데 핵심은 '제가 확인해 봤더니 사실입니다'예요. 맹인이 눈을 뜨고 평생 피를 줄줄 흘리던 여자가 병이 나았다고 하는데 누가는 그 모든 게 다 사실이었다고 확인해요.

《요한복음》은 예수가 가장 사랑하는 제자 중 한 명인 요한이 썼다고 합니다. 사복음서 가운데 가장 늦게 쓰였습니다. 학자들마다 다르긴 하지만 예수 떠난 이후 70년 내지 80년, 오래 보면 100년이 지나서 쓰였다고 합니다. 요한이 쓰지 못한 것일 수도 있어요. 요한의 가르침을 따르는 공동체가 있었는데 거기에서 정제된 글이라는 견해도 있습니다.

다른 복음서와 달리《요한복음》은 시로 시작합니다. 기독교인들이 모일 때마다 같이 부르고 읊었던 시를 시작으로 삼은 것이지요. 앞서 쓰여진 복음서들은 늘 그렇게 부르던 시를 따로 기록할 필요성을 못 찾았지만《요한복음》에 이르러서는 이것도 후대가 잊지 않기 위해 기록해야 할 내용이 됩니다.

사서와 사복음서의 역사적인 맥락은 다르지만 우리가 익히 알고 있는 작업이 여기에서도 진행됩니다. 공자 왈 맹자 왈 하는데 공자나 맹자가 쓴 글도 아니고 사서가 정확하게 언제 쓰였는지 아무도 몰라요. 그러나 그 속에 쓰인 것들이 공자와 맹자 얘기라고 나와 있습니다. 사복음서도 마찬가지고요. 참고로 복음(福音)이라는 건 그리스어로 유안겔리온(Euangelion) 즉 좋은 소식이라는 뜻인데, 여기서 angel은 천사니까 천사가 전한 좋은 소식입니다. 사복음서는 예수가 행한 일 전부가 좋은 소식일 뿐만 아니라 그 소식을 듣는 우리도 좋다는 이야기입니다.

'다 좋은 세상'이라는 수업에서는 우선 유학과 기독교의 글이 다르지 않다는 걸 확인하고 싶었어요. 유학하는 분들이 자못 동양 동양 그런다고요. '동양에만 답이 있다.' 그러면 답이 아니죠. 어떻게 지구의 절반만 돌보는 게 답입니까. 이야기가 판이하게 다르지만 결국은 같은 얘기를 하고 있으니까 한번 같이 읽어 봅시다 한 거죠.

서양도 마찬가지입니다. 그리스 호메로스의 글에서 가장 잘난 인물로 그려지는 것이 영웅(英雄)입니다. 그런데 이들은 아비를 죽이는 자들입니다. 《논어》의 군자(君子) 개념과는 너무 다릅니다. 모르고 죽이든 알고 죽이든 아비 없이 자기 스스로 서는 사람이 영웅입니다. 예외가 없습니다.

그런 영웅상을 배우는 사람들은 자연히 효도와 멀어집니다. 효도는 사람이 영웅이 되지 못하게 하는 멍에가 됩니다. 그런 천지는 싸움 천지입니다. 몇 명을 죽였느냐에 따라 서열을 세우는 세상입니다. 그런데 예수에 이르러서 그 핵심이 바뀝니다. 예수는 '사람을 죽이는 게 영웅이 아니라 죽더라도 사람을 아끼는 것이 영웅'이라는 사실을 몸소 보여 주었습니다. 그는 하나님을 부를 때 "아버지 아버지"라고 하면서 사람은 죽는다고 없어지는 존재가 아니라고, 사람은 영생이 생명이라고 했습니다. 그랬더니 '하나님이 아버지'라는 말에 사람들이 깜짝 놀라서 신성모독죄로 예수를 죽입니다. '어떻게 감히 하나님을 아버지라고 그래? 그러다가 하나님도 죽이겠네!' 이렇게 된 것이지요. 《논어》의 핵심을 인(仁)이고, 사랑이라고 할 때 《논어》에 담긴 효도 정신이 아버지의 뜻대로 살고자 한 예수에게서도 확인됩니다.

그런데 왜 네 개일까요? 《마태복음》《마가복음》《누가복음》《요한복음》이 같은 예수의 이야기인데 왜 달리 기록되어 남게 되었는지를 보면 사서에 공자뿐만 아니라 맹자의 글도 있고 《중용》《대학》은 왜 각각이어야 하는지 드러나는 대목과 같아요.

다 좋은 세상

넷이면 서로 좋다고 하는 것과 싫다고 하는 것이 제각각일 텐데, 내가 싫다고 했던 것을 상대방이 좋다고 하면 내가 배우는 거고 나는 좋다고 했던 것을 저쪽이 싫다고 하면 저쪽에게 내가 그걸 좋아하는 이유를 알려 줄 수 있거든요. '알고 보니' 다 좋더라는 얘기는 넷이 서로 양쪽에 서서 봐 줘야 말이 돼요. 세상이 같이 넓어지잖아요. 우리가 사방(四方)이라고 하는데, 사방이라는 건 모든 방향을 말하는 거고요. 사방이 아닐 경우는 팔방(八方)이라고 그런다고요. 이것 역시 넷의 곱절이에요. 넷은 세상을 통틀어 말합니다. 동양도 서양도 통틀어 세상이 다 좋다는 이야기를 하고 있어요.

다 좋은 세상의 가난

제가 좋아하는 책 중 하나가 애덤 스미스의 《국부론》입니다. 좋은 책이 아닌 줄 알고 읽었다가 깜짝 놀랐던 책입니다. 영어 제목이 'The Wealth of Nations'예요. 영어로 복수로 돼 있긴 하지만 우리말로는 '국부론'으로 번역할 수밖에 없어요. 한문은 복수, 단수를 나누지 않으니까요. 빈과 부에 관한 이야기는 공자도 한 바 있습니다. 《논어》에 빈이무원난(貧而無怨難)과 부이무교이(富而無驕易)라는 말이 있습니다. '가난하여 원망하지 않는 게 어렵다.' '넉넉하여 잘난 척하지 않는 게 쉽다.' 공자가 이런 싱거운 이야기를 했습니다.

공자에게 쉽다는 것은 공부거리가 아니라는 말입니다. 그냥 내버려 둬도 되는 일입니다. 반면 어렵다는 것은 '배워서 알면 더 좋은 공부거리'라는 말입니다. 이럴 때 난(難) 자를 씁니다.

> 자기 자신의 이익을 추구하는 것이 자연스럽게 또는
> 오히려 필연적으로, 그로 하여금 사회에 가장 유익
> 한 사용방법을 채택하도록 한다.
>
> — 애덤 스미스,《국부론》

애덤 스미스가《국부론》에서 밝히는 경제 원리는 다른
것이 아닙니다. 자기 본성을 챙기는 사람들은 아무도 굶
지 않는 세상을 이루어 나가게 돼 있다는 것입니다. 그래
서 인간에게 자유가 중요합니다. 자유란 사람이 본성을
지키는 걸 말합니다. 그럼에도 불구하고 왜 굶는 사람들
이 생기고, 잘사는 사람이 생기고, 못사는 사람들이 생기
냐 하면 인간의 본성 대신 돈에만 눈독을 들이기 때문이
라는 것입니다. 그것을 고치지 않으면 모두가 다 잘사는
세상이 되지 못한다고 해서《국부론》을 쓴 것입니다.

공자는 가난에 찌들었던 백이와 숙제를 얘기하면
서 '불념구악 원시용희(不念舊惡 怨是用希)'라며 백이와
숙제는 지난 것들이 나쁘다고 여기지 않으니까 원망은
쓸모가 사라졌다고 했습니다. 다 좋은 세상의 가난은 배
우며 알아 가노라면 원망이 틈탈 겨를이 없습니다. 한편
나쁘다고 여기면 없애야 한다며 원망이 사무치게 마련입

니다.

　　요즘 아프리카가 가장 중요한 개발지역이라고 해서 중국 사람들도 아프리카에 가서 돈을 엄청 투자합니다. 그게 아프리카를 도울 것 같은데 의외로 그렇지가 않아요. 아프리카에 원래 살던 농부들이 있는데, 중국 사람들이 와서 좀 더 쉽고 빠르게 수확할 수 있도록 도와줍니다. 그런 다음에는 무상으로 먹을거리도 제공하고요. 옥수수 같은 농작물이 다량 들어오니까, 농사 지은 것들을 시장에 나가서 팔던 현지 사람들이 하던 일을 계속하고 살 수가 없어요. 극심한 가난이 생겨나는 거예요. 이전에는 가난해도 다 먹고살았던 나라인데 중국의 돈이 쏟아져 들어오니까 신흥 부자 몇몇은 좋다고 해도 이전처럼 다 먹고살 수가 없게 돼요. 어업도 마찬가지예요. 중국 원양어선들이 잡아 오는 엄청난 양의 생선들이 막 쏟아져 들어오니까 지금까지 고기잡이로 먹고살던 사람들이 생활이 안 돼요.

　　빈곤은 부족하면 부족한 대로 족하게 사는 것입니다. 잘사는 사람, 즉 남을 따라 살려고 발버둥을 시작하면 없던 갈등이 생깁니다. 빈곤이 나쁘다고 없애려다 보면 원망은 거세지고 빈곤은 도리어 기승을 부립니다. 한쪽에서는 이를 '상대적 빈곤'이라고 얼버무립니다. 공자는 가난해도 아첨하지 않고 부유해도 교만하지 않은 것을 두고 미약빈이락(未若貧而樂), 아직 가난하여 즐거운 듯하다고 했습니다. 가난도 즐기며 배우노라면 어느새 눈 녹듯 사라진다는 사실은 우리 역사가 입증합니다. 우리나라도 가난했지만 가난을 없애야 하는 문제로 여기기보다 가난한 가운데 배우고 사는 일이 흥에 겨움을 알았기에 지금 넉넉합니다.

3장

안
내
자
들

감정의 진실

갓난아기도 좋으면 웃고 싫으면 웁니다. 만고풍상을 다 겪은 사람이 웃거나 울지 않는다고 해서 좋고 나쁜 것을 모르는 것이 아닙니다. 사람이 좋고 나쁜 것을 가리지 못하면 생명을 부지할 수 없습니다. 약과 독은 가려야 사는 것이죠.

좋고 나쁜 것을 가릴 줄 아는 것은 좋은 일입니다. 그런데 약과 독을 가리는 일은 배워야 압니다. 사람이 제 생명을 지키고 가꾸려면 좋고 나쁜 것을 배워서 가려야 합니다. 사는 것이 좋다고 아니까, 살기 위해 배우는 것이 또한 좋은 걸 압니다. 사는 것이 좋고 배우는 것도 좋다는 걸 그렇게 스스로 압니다.

배우는 것이 좋다 보면 사람은 약뿐만 아니라 독마저도 더 배워서 좋다는 것을 확인하고 싶어합니다. 사람이 나쁜 것을 알면서도 쉽사리 물러나지 않고 마냥 배우려는 것은 세상에 나쁜 것이 따로 없어야 좋기 때문입니다. 좋고 나쁜 것을 마냥 가리면서도 세상에는 나쁜 것이 따로 없음을 스스로 아는 것입니다.

잘못 배우면 좋고 나쁜 것을 잘못 가립니다. 배워서 아는 것은 때론 잘못 아는 일이 되기도 해서, 되짚어 배워서 새로 알아야 합니다. 약과 독을 잘못 가려 몸이 괴롭고 생명이 위태로워지면 안 되니까요. 자라 보고 놀란 가슴 솥뚜껑 보고 놀란다고 하죠? 비슷해도 같지 않다는 것을 다시 배워야 합니다. 이때 사람은 몸이 아프거나 가슴이 놀라는 일을 통해 잘못 배웠다는 것을 스스로 압니다. 스스로 알기에 배우는 것이 좋고 모든 것을 배우고 싶습니다. 남이 시켜서 하는 일이라면 사람은 마냥 배우려 하지 않고 마냥 새로운 걸 알고 싶어하지 않을 겁니다.

소크라테스는 스스로 아는 사람을 프시케(Psyche)라고도 하는데 '정신' '혼' 등 여러 가지로 번역되지만 마음뿐도 아니고 몸뿐도 아니기에, 몸과 마음이 하나로 같이 있는 우리말의 정(情)으로 번역하는 것이 적절합니다.

> "프시케가 헤아리게 되는 부분을 프시케의 헤아리는
> 부분이라 부르는 반면, 그것으로써 프시케가 사랑하
> 고 배고파하며 목말라하거나 또는 그밖의 다른 욕구
> 들과 관련해서 흥분 상태에 있는 부분은, 어떤 만족
> 이나 쾌락들과 한편인 것으로서, 비이성적이며 욕구
> 적인 부분이라 부른다 해도 결코 불합리하지는 않을
> 걸세." – 플라톤,《국가》
>
> * 혼을 그리스어 원문의 프시케로 바꿔 인용함

플라톤의《국가》라고 알려진 대화편은 프시케, 즉 정이
철학의 주체임을 시종일관 밝히고 있습니다. 이 책에서
가장 중요한 질문은 아름다운 나라가 무엇이냐는 것이고
이에 소크라테스는 프시케가 좋은 상태에 있는 나라라고
답합니다.

정은 사람 사는 세상이 좋다는 철학의 정답이 움
트고 살아 숨 쉬는 철학의 본거지입니다. 정은 자나 깨나
죽으나 사나 쉬지 않고 사람 사는 세상이 좋다는 믿음입
니다. 정은 스스로 알아서 좋고 나쁜 것을 마냥 가려 가
며, 배우고 또 배우며 세상이 다 좋다는 것을 다짐합니다.
정은 종잡을 수 없는 듯해도 좋고 싶을 따름이지 결코 싫

고 싶지 않아 합니다. 좋은 것이 좋지 싫은 것은 싫습니다. 있다면 좋아야지 나쁘다면 있을 수 없다는 것입니다. 있는 것이 싫다는 느낌은 있는 것이 나쁠 수 없다는 사람의 정이고 몸의 진실입니다.

프시케는 본디 몸의 이름입니다. 또한 여자의 몸입니다. 사랑의 열매가 움트면 여자의 몸은 감출 수 없이 몸으로 드러나지만 남자의 몸은 영문도 모르나 싶습니다. 몸이면 다 같은 줄 깜빡한 아리스토텔레스는 저작 《영혼에 관하여Peri Psyche》에서 프시케가 제 남자 몸 같은 마음인 양 우겼습니다.

소크라테스의 '동굴의 비유'는 정을 등진 채 사는 사람들에 대해 캄캄한 동굴 깊숙이 쇠사슬에 묶여 빛을 등지고 동굴 벽에 비친 자기 그림자에 홀려 산다고 말합니다(《국가》). 자기 그림자는 아무리 보아도 자기를 아는 길이 아닙니다.

정은 스스로 아는 사람의 진실이기에 자명한 진리입니다. 다른 증거가 있어야만 증명되는 진리는 자명한 진리가 아닙니다. 자명한 진리가 아니면 증명해 주는 증거도 증명되어야 하기에 어딘가 자명한 진리가 매듭을 지어 주지 않는 한 증거가 꼬리에 꼬리를 물고 무한 행진을 하게 마련이니까요. '아니 땐 굴뚝에 연기 날까'라는 속담처럼 연기도 증거이듯이, 소크라테스의 '동굴의 비유'는 증거를 그림자로 듭니다. 진리는 자명하지 못하면 연기나 그림자의 신세를 지게 됩니다. 불을 땠는데 연기가 없다고 불이 아니라고 할 수 있습니까? 자기가 있는데 그림자가 없다고 자기가 없다고 할 수 있습니까? 연기가 없어도 불을 때면 진리이고, 그림자가 없어도 자기가 있으면 진리인 것이 자명합니다.

정은 느끼는 대로 알고 아는 대로 느끼기에 자명합니다. 마음 없는 정 없고 몸 없는 정 없기에 정은 또한 마음과 몸이 하나라는 자명한 진리입니다.

서양철학 한복판에 있는 정

정은 동서양 철학의 한복판에 놓인 아주 중요한 키워드입니다. 정을 기준 삼아 철학의 진위가 갈립니다. 먼저, 우리의 감정은 언제 어디서나 사람이면 누구나 공유하는 진리의 척도이므로 감정이 이해하는 것이야말로 곧 학문이며 과학이라는 철학입니다. 사실 누구나 다 그런 철학자입니다.

감정은 마냥 변하는 것이라서 학문 혹은 과학은 감정과 무관하게 변함없는 어떤 사실을 탐구하고 이해하는 것이라고 주장하는 철학도 있습니다. 세상에 모든 것은 끊임없이 변하는 것이 사실입니다. 감정은 이러한 사실에 철두철미 몰두합니다. 이에 아랑곳없이 학문은 객관과학이라서 외부 현상의 대상을 이해하는 것이지 주관의 내면경험에 지나지 않는 감정은 이해할 수 없는 것이라는 역설은 인류의 문명사만큼이나 오래되었습니다. 이렇게 되면 학문은 행복과 아무 상관이 없는 일이 됩니다. 오늘날 지구촌은 학문의 진보에도 불구하고 행복은커녕 날이 갈수록 시름이 깊어지기만 하는 실정 같습니다.

몇 년 전 우리나라 어느 명문 대학에서 학생들과 교수의 잇단 자살 사태가 있었습니다. 학문은 인간 감정에 관한 한 무력하다는 학문관념의 실제 형국이 이렇게나 불행하다는 것을 뼈저리게 실감했습니다. 아무도 학문이 해결의 열쇠를 쥐고 있다거나 책임이 있다고 말하지 못했습니다. 비단 우리나라뿐만 아니라 지구촌 어디를 가 보아도 마찬가지입니다. 학문은 감정이 빠질수록 진보한다는 관념이 자못 당연한 듯합니다. 그러나 감정이 견딜 수 없으면 학문은 고사하고 목숨까지도 내버리는 것이 인간의 진실임은 어쩔 수 없습니다.

정은 다 좋은 세상을 아는 방편입니다. 그런데 호메로스가 그린 그리스의 영웅들은 저마다 영웅이 되기 위해 감정을 외면하고 전쟁을 일삼습니다. 이때 학문은 전쟁을 수행하고 미화하는 도구로 전락합니다. 호메로스의 서사시도 그 일환입니다. 결국 그리스는 전쟁의 비극에 휩싸입니다. 그러다가 소크라테스의 등장으로 감정이 되살아나 그리스에 평화가 찾아옵니다. 인간의 감정이 이해하는 것이 학문이라는 소크라테스의 좌우명이 "너

자신이 알라"입니다. 그러나 아테네 시의회는 어느새 학
문의 사명은 지난날 스파르타에게 패배한 것을 설욕하는
전쟁수행에 있다며 소크라테스를 학문의 배신자로 몰아
불경죄로 처형합니다. 청년 플라톤은 오로지 소크라테스
의 학문을 인류에 영원한 유산으로 남겨 주기 위해 여생
을 송두리째 바쳤습니다.

　　여러분, 소크라테스와 플라톤도 그렇고 동양의 공
자나 맹자도 마찬가지로, 그들은 모두 전쟁하지 않으면
살 수 없다는 시대를 살았습니다. 그 와중에 결연히 전쟁
하면 안 된다고 주장한 것입니다.

　　반면 아리스토텔레스는 20년을 사사한 스승 플라
톤과 사별하자마자 돌아서서 학문을 다시 전쟁의 수단으
로 삼고 체계화합니다. 토마스 홉스는 아리스토텔레스를
두고 "공허한 철학과 허구의 전설"의 명인이라고 한탄합
니다.

　　내 생각으로는 자연과학에 있어서 아리스토텔레스
　　의 형이상학만큼 이치에 맞지 않는 것도 없고, 또 그
　　의 정치학만큼 통치에 모순되는 것도 없으며, 그의
　　윤리학만큼 무지한 주장도 없다.

　　　　　　　　　　　　　　－홉스,《리바이어던》

다 좋은 세상

아리스토텔레스의 학문을 전승한 알렉산더 대왕은 세계 정복에 나섰다 인도에서 전사했다고 합니다. 스피노자의 감정학을 행동학으로 오인한 포스트모던의 기수 들뢰즈는 자살로 생을 마감했다고 합니다.

> 스피노자의 윤리학(Ethica)은 도덕과 아무런 관계가 없으며, 그것은 도덕을 하나의 행동학(Ethologie)으로서, 즉 이 내재성의 평면 위에서의 빠름과 느림의 결합으로서, 변용시키고 변용하는 능력들의 결합으로서 사유한다. ─들뢰즈,《스피노자의 철학》

헤겔의 후예 후쿠야마가 실상 자유경쟁 시장경제가 전쟁정신의 최후 승자라고 밝히며《역사의 종말》(1989)을 선언한 지 오래입니다. 그러나 현실은 전쟁의 종말 없는 지속입니다. 애덤 스미스가 말한 자유경쟁 시장경제는 전쟁정신도 아니고 전쟁체제도 아닙니다.

동양철학 한복판에 있는 정

공자는《중용中庸》제1장에서 감정이 존재와 우주의 알맹이라고 말합니다. 감정의 알맹이는 우주의 질서이며 만물의 모태라고 합니다.

기쁨과 노여움과 슬픔과 즐거움이 아직 일어나는 것을 알맹이라 하며 일어나면서 다 꼭 맞으면 좋다고 한다. 그 알맹이라는 것이 세상의 큰 바탕이다. 그 좋다는 것이 세상이 이뤄지는 길이다. 알맹이가 좋다 하니 하늘도 땅도 자리잡고 모든 것들이 키워진다.
喜怒哀樂之未發 謂之中
發而皆中節 謂之和
中也者 天下之大本也
和也者 天下之達道也

다 좋은 세상

致中和 天地位焉 萬物育焉

'아직 일어나는 것[미발, 未發]'이어야 말할 수 있지 '아직 일어나지 아니하는 것'이라면 알 수 없습니다. 감정은 언제나 어디서나 끊임없이 끝도 없이 일어나는 것이라서 아직 일어나는 것이라고 말합니다. 사람의 타고나는 감정은 끝내 좋아야 성이 차는 것이 진리이며 행복입니다. 감정은 좋지 않으면 끝내 좋도록 배우기 마련입니다.《논어》의 첫 마디가 "배우며 살아가니 기쁠 따름이다"입니다. 공자는 감정이 우주의 알맹이라고 말합니다.

맹자는 어떻습니까. 가여워하고[측은지심, 惻隱之心], 다른 사람의 고통을 차마 못 참는 것이[불인인지심, 不忍人之心] 사람이라고 했습니다.

퇴계는 인간의 감정이 이해하며 보살피는 학문과 인간의 감정을 억누르고 몰아가는 학문을 엄밀하게 분간하고 전자를 이발이기수(理發而氣隨), 후자를 기발이이승(氣發而理乘)이라고 간결하게 천명했습니다.

학문관념은 새로운 문제가 아닙니다. 과거에는 없었는데 현대에만 있는 것도 아니고, 유학에는 없었는데 서구철학에서 유입된 문제도 아닙니다. 동서고금을 막론하고 언제 어디서나 부닥치는 인간사의 초미한 관심사입니다. 학문관념이 올바르면 공부하면 할수록 인간 모두의 행복과 우주의 평화를 도모할 수 있지만 학문관념이 그릇되면 아무리 학문이 출중하다 해도 인간의 행복과 평화는 희소가치로 전락하고 말기 때문입니다.

올바른 학문관념은 죽은 사람도 되살리지만, 그릇된 학문관념은 산 사람도 죽입니다. 오늘날 지구촌을 장악하고 있는 학문관념은 감정에는 무력하고 속수무책이지만 지구도 폭파시킬 수 있는 엄청난 파괴력을 과시하는 학문을 불철주야 연마하고 있습니다. 그러다 보니 감정에 주력하며 행복추구 활동을 표방하는 분야들도 전쟁체제를 기반으로 삼고 감정의 참된 자기이해를 뒷전으로 미루고 맙니다. 학문을 소홀히 해서가 아니라, 오히려 총력을 쏟아 연마하는 학습 탓에 사람이 못쓰게 됩니다.

학문은 직업이나 직장일 뿐이지, 내 삶을 지켜 주는 게 아니라고 생각하는 학자는 헛도는 겁니다. 인생을 낭비하는 겁니다. 학자뿐만 아닙니다. 우리가 공부를 하면서 '역시 믿지 못할 게 세상이야' 그런다면 우리 역시 학문을 잘못 하고 있는 것입니다.

21세기에 접어들어 감정이 거슬리면 예술도 인문과학도 사회과학도 자연과학도 위험한 학문으로 전락한다는 체험과 자각이 깊어지고 있습니다. 세계의 명문 대학들은 앞다투어 엄청난 자금을 투자해 감정이 무엇인지 관찰하고 기록하는 첨단과학 장비들을 개발하고 연구를 진행하고 있습니다. 그러나 아무리 철두철미하고 정밀한 감정의 데이터라 할지라도, 감정의 수박 겉핥기에 지나지 않습니다. 감정은 밖에서 이해할 수 있는 것이 아니라 스스로 자기이해를 해야 하는 것이기 때문입니다.

퇴계는 감정이 곤두박질치고 걷잡을 수 없을 때 그 이유를 찾아보면 자기 아닌 남들의 일을 자기 감정의 원인인 줄로 잘못 안 경우라고 말합니다. 나와 남을 나누지 않다 보면 서로 서로 다르고 바뀌는 남의 일과 사정을 자기 것이거니 잘못 알기 십상이며 그러기에 감정은 예외 없이 모든 이유를 자신에게 확인하는 자기이해여야 한다는 것입니다. 내 탓도 남 탓도 잘못하기 시작하면 착오와 혼란에 빠집니다.

다 좋은 세상의 방법

> 그 유명한 철학자를 나는 안다.
> 그러나 그는, 적어도 내 생각으로는,
> 자신의 위대한 지성의 예리함을 보여 준 데에 불과하다.
> …… 나는 인간의 정서와 행동을 이해하기보다
> 오히려 저주하며 조소하는 사람들에게 대항하고자 한다.
> 스피노자, 《에티카》

데카르트가 《방법서설》(1637)을 쓸 때 있는 것이 방법을 이미 보여 주고 있다는 얘기를 하고 싶었습니다. 그런데 그만 자기도 모르는 사이에 깜빡 말이 앞뒤가 뒤바뀌어 함정에 빠져요. 여러분들 잘 아시죠? "생각하니까, 내가 있잖아." 데카르트는 소문처럼 학자들의 전용어인 라틴어로 "Cogito ergo sum"이라고 하지 않았고, 당시에 학자들이 상스럽다고 여겼던 보통 사람들의 프랑스어로 《방법서설》을 쓰며 "Je pense donc je suis"라고 했습니다. 학자들은 못 알아들어도 일반 사람들은 다 알고 있다고 생각했고요. 그러나 말이 그만 앞뒤가 뒤바뀌었습니다. 다들 아시잖아요. 있으니까 생각하지, 생각하니까 있을 수는 없잖아요.

결국 당대의 철학자였던 스피노자가 나섭니다. 제가 스피노자를 얘기할 때마다 늘 그럽니다. 우리나라에 사셨던 좋은 유학자 퇴계의 수제자가 100년 뒤에 네덜란드에서 태어났다고요. 이유가 있어요. 퇴계도 그렇고 스피노자도 그렇고 우리 몸이 아는 우리의 정이 우리를 생각하게끔 알려 주는 장치라고 했어요. 몸만큼 확실히 여기 있는 게 없죠.

우리 몸이 아는 걸 우리가 정이라고 합니다. 감정이죠. 싫어, 좋아, 미워, 화나. 퇴계는 전래된 일곱 가지 감정을 말했고, 스피노자는 마흔여덟 가지를 열거합니다. 마흔여덟 가지뿐입니까. 감정을 쓰라고 하면 별게 다 있죠. 그중에서도 싫다는 건 나쁜 게 있다는 말이 아니라 공부할 때가 됐다고 알려 주는 감정입니다. '너 말고도 다른 게 또 있거든' 하고 알려 주죠. 나 아닌 다른 걸 알아 가는 즐거움, 이게 공부이고 사랑이에요. 그랬더니 말이 풀렸어요. 스피노자는 친절하게 말했어요. 우리의 정이 늘 방법을 가르쳐 준다고요. '싫지? 빨리 공부해, 빨리 알아봐, 뒤져 보면 백발백중 답이 나온대도.' 그렇게 좋은 걸 알고 나면 그때는 '아이고 좋구나, 그게 사는 거야.' 이런 이야기입니다.

한자 길 도(道)를 가만히 보세요. 머리[首]에 발걸음[辶]이 붙은 걸 길이라고 해요. 그게 사는 방법이에요. 몸이 가르쳐 주는 대로 사시는 거예요. 그게 길입니다.

여러분, 자기 몸이 방법인 줄 아는 사람은요, 지나가다가 처음 보는 가엾은 사람을 만나면 갑자기 가슴이 덜컹하고 누군지는 모르지만 왜 그런지는 모르지만 그 사람을 돕지 않으면 발걸음이 안 떨어져요. 맹자의 그 유명한 불인인지심(不忍人之心)이에요. 애가 우물에 빠졌는데 그걸 보고 사람이 못 견디잖아요, 얼른 가서 건져 내야지. 그게 사람의 정이에요. 그게 방법이에요. 그래서 우리 몸의 진실인 정이 공부해야 합니다.

다 좋은 세상

당당한 칸트 철학

퇴계와 스피노자의 정학(情學)은 감정이 공부해야 한다고 보는 데 반해, 20세기 지구촌 철학의 기초를 세우고 여타 대안을 섬멸한 소위 칸트의 비판철학은 외물(外物)이 공부를 이끈다고 말합니다.

> 모든 사고가 수단으로 목표하는 것은 직관이다. 그런데 직관은 오로지 우리에게 대상이 주어지는 한에서만 생기며, 다시금 그러나 이런 일은 적어도 우리 인간에게 있어서는 오로지 대상이 마음을 어떤 방식으로든 촉발함으로써만 가능하다.
>
> ─ 칸트, 《순수이성비판》

그런데 칸트는 외물의 외형(外形)만 알 수 있을 뿐, 그 알맹이인 물자체(物自體, ding an sich)는 알 수 없다는 불가지론(不可知論)을 주장해요. 이것이 자칭 순수한 이성의 지당한 결론이라고 말입니다.

> 공간에서 직관되는 어떠한 것도 도대체가 사물 자체가 아니고, 또한 어쩌면 사물들 그 자체에 고유할 터인 사물들의 그런 형식이 아니라는 것과, 우리에게 대상들 자체는 전혀 알려지지 않으며, 우리가 외적 대상들이라고 부르는 것은 다름 아니라, 그것의 형식이 공간인 우리 감성의 순전한 현상들뿐이라는 것, 그러나 그것의 진짜 대응자, 다시 말해 사물 그 자체는 그로써 전혀 인식되지도 않고 인식될 수도 없으나 이것에 대해 경험에서는 결코 묻지도 않는다는 것이다. ─칸트, 《순수이성비판》

칸트의 불가지론은 물자체를 단순히 알 수 없다는 것뿐만 아니라 실상 알 필요도 없다는 얘기입니다. 물자체는 알 수 없어도 우리는 양심으로써 우리의 선의지(善意志)를 통해 알 것을 스스로 알기 때문이라는 것이죠.

> 이 세계에서 또는 도대체 이 세계 밖에서까지라도 아무런 제한 없이 선하다고 생각될 수 있을 것은 오

다 좋은 세상

로지 선의지뿐이다.　　　－칸트,《윤리형이상학 정초》

감정은 단적으로 아무런 것도 가르쳐 주는 바가 없고, 단지 주관이 그의 쾌 또는 불쾌와 관련하여 어떻게 촉발되는가 하는 방식만을 향유하는 것으로서, 그 위에는 전혀 아무런 인식도 기초할 수 없는 것이다.
　　　　　　　　　－칸트,《이성의 한계 안에서의 종교》

양심이 스스로 알아서 시비(是非)를 가리는 만큼, 칸트에게 학문은 더 이상 시비의 인식이나 판단이 아닙니다. 오로지 인식을 초월한 양심의 지시에 따라 좋은 일을 하고 악을 없애는 행동지침일 따름입니다. 우리가 흔히 현장지침(FM, Field Manual)이라고 부르는 것과 다르지 않습니다. 시비가 이미 가려졌다고 하니, 소위 양심행위는 급기야 검토를 거부하는 이유 불문의 이념으로 동결됩니다. '나는 옳다'는 생각은 곧이어 '좋은 일을 한다'는 독선과 '악을 없앤다'는 무모한 적대행위로 둔갑하게 마련이고요. 이것이 우리가 순수철학이라고 부르는 칸트의 윤리형이상학의 진상입니다.

우리는 비록 도덕적 명령의 실천적 무조건적 필연성을 개념적으로 파악하지는 못하나, 그럼에도 우리는 이것을 개념화 못함을 개념적으로 파악하는 바, 이것이 인간 이성의 한계에까지 원리적으로 나아가려 하는 철학에 대하여 당연히 요구될 수 있는 것의 전부이다.　　　　　　　－칸트,《윤리형이상학 정초》

이런 칸트 철학을 두고 저는 "알량하다"는 표현을 씁니다. 우리말 "알량하다"는 "알 양하다" 곧 "알이 없는데도 있는 체하다"는 말입니다. 알맹이는 알 수 없고, 껍데기만 알 뿐이라는 칸트의 초월철학과 인식론을 표현하기에 꼭 적합한 우리말 아닙니까?

칸트는 겉보기와는 달리 우리에게 낯선 철학이 아닙니다. 이미 왕양명은 양명학의 결정체라는 사구결(四句訣)에서 "좋은 것은 하고 나쁜 것은 없애는 것이 바로 사물에 맞다[위선거악시격물, 爲善去惡是格物]"고 했습니다. 또한 그가 얘기한 심외무물(心外無物)은 물의 소재(所在)가 심(心)이어서 행동 방안은 마음에 있다는 말입니다. 양명학의 중요한 명제인 심즉리(心卽理)는 우주와 존재의 원리가 심(心)이어서 이미 알 것을 마음이 다 알고 있다는 것이고, 양지(良知)는 마음이 아는 것이며, 양지자지(良知自知)는 마음은 스스로 안다는 말입니다.

양명에 따르면, 사람은 이미 알 것을 알고 있으므로 학문은 알고자 하는 것이 아니라 행하고자 하는 것입니다. 그렇게 되면 학문의 기본인 격물(格物)은 아는 것이 아니라 행하는 것이 됩니다. 양명은 지행합일(知行合一)을 말하며, 아는 것은 '쉬운 것'이라고 하고 행하는 것만을 어렵다며 문제 삼습니다.

칸트가 선언하는 물자체의 불가지론이나 양명이 자처하는 심외무물의 양지자지나 겉보기가 다를 뿐이지 속으로는 같은 말입니다. 물자체(物自體)는 알 수 없어도 좋다는 말이나 물(物)은 마음에 있는 것이어서 저절로 안다는 말이나 뚜껑을 열어 보면 벌써 알 것은 알고 있다는 말입니다. 칸트의 윤리형이상학은 불가지(不可知)한 물자체를 머리 위에 이고서 초월에서 비롯하는 선의지 곧 양심(良心)의 정언명령(定言命令)에 절대 복종하는 의무의 도덕철학임에 비해 양명학은 심외무물이라며 행동원리인 양지(良知)를 마음이 스스로 안다[自知]는 주체의 도덕철학입니다. 양자 공히 행동철학임에는 논란의 여지가 없습니다.

21세기 소위 강대국으로 급부상하고 있는 중국의 지성인들이 행동철학인 양명학을 유학의 정통이라고 보는 것은 놀랄 일이 아닙니다. 이러한 학풍은 중국이 이미 대국의 면모를 손상당하기 시작한 19세기 이래 지속되어 오고 있습니다.

끝도 없이 변하는 감정이 무엇인지 알려 하는 것

이 학문입니다. 토마스 홉스는 행동 방안을 염려하는 경험과학은 철학이 아니며, 감정이 자연의 질서를 따르는 것을 이해(reasoning)하고 사는 것만이 철학이라고 했습니다. "경험과학은 인간뿐만 아니라 짐승에게서도 볼 수 있다"《리바이어던》는 것입니다.

　　한편, 21세기의 학문관념은 본능이나 감각을 다루고 있습니다. 본능이나 감각에 관한 한 인간은 동물보다 못합니다. 본능은 말할 것도 없고, 보는 일에도 사람의 눈이 독수리 눈을 못 당하고, 듣는 일에도 사람의 귀가 코끼리 귀에 견줄 바가 못 되며, 냄새를 맡기로도 개 코를 당할 길이 없습니다. 행위에 관한 한 인간은 동물이나 곤충과 별다를 것이 없습니다. 실상 감정의 참된 자기이해를 학문으로 향유하고 전수하는 특수성을 제외하고 나면, 행위만으로는 인간이 동물이나 곤충에 비해 열등하기 십상입니다. 21세기의 첨단학문은 동식물은 물론 곤충에게서 행위철학을 배우는 일로 정신이 없습니다. 소위 통섭(consilience)을 첨단 학문개념으로 등재시킨 에드워드 윌슨이 개미학자(myrmecologist)인 것은 우연이 아닙니다.

　　인간의 경험과학은 동물과는 달리 "만인에 대한 만인의 전쟁"을 유발하고 "세상에서 일어날 수 있는 최대한 재난"을 초래한다는 것이 홉스가 《리바이어던》(1651)

에서 확인하는 사실입니다. 독수리보다 더 높이 날아 우주를 비행하며, 고래보다 더 능숙하게 바닷속을 탐사하는 오늘날의 인류에게 정작 행복은 무엇인가 하는 물음이 사무칩니다.

감정이 이성이고 이성이 감정이다

───── '사는 것'의 경우는 어떻겠소?
이것도 프시케의 기능이 아니라고 말하겠소?
플라톤, 《국가》

이쯤 되면 아마 궁금하실 거예요. 감정이 중요하다는 건 알겠는데 그럼 이성은 뭔가.

이성은 다른 사람들과 공유하는 겁니다. 이성으로 물리학도 하고 수학도 하고 정치도 합니다. 그런데 우리는 그동안 감정은 이성이 아니라고 하는 세상에 온통 물들어 있었어요. 이성이라는 말을 제일 이성답지 않게 만들어 버린 가장 중요한 고전이 《순수이성비판》(1781)이고요.

우리가 그렇게 왈가왈부하면서도 칸트를 읽는 이유가 있죠. 이성을 다루면서 절대 하지 말아야 할 말이 감정은 이성이 아니라는 한마디인데, 칸트가 바로 그 말을 하는 철학자거든요. 이것이 반대로 우리에게 감정이 이성임을 확인시켜 주는 좋은 계기가 돼요. 칸트는 스피노자를 읽지 말라고 했지만, 우리는 칸트를 읽으며 감정도 이성이라고 확인합니다. 이 말로는 충분하지 않아 이성 또한 감정이라고 같이 확인합니다.

우리가 가끔 '넌 너무 감정적이야'라는 말을 합니다. 또 맞는 얘기를 했다고 칭찬하면서 '이성적이네'라고도 하고요. 틀린 말을 두고 '감정적'이라는 표현을 쓰는 거죠. 왜 감정이 이성이 아니라는 걸까요? 감정이 이성이 아니라고 생각하면 나도 이성적이지 않은 사람, 결국 틀린 사람이 돼 버리고 그러면 이성이라는 건 세상이 알아주는 유명한 사람에게 배워야 하는 게 돼요. 사람들이 자기가 알고 싶은 것을 배우는 게 교육이라고 생각하지 않고 칸트, 공자 같은 유명한 사람들한테 배워야 되는 줄 알아요. 이렇게 해서 교육기관이 생기고 누가 이성자인지를 가리는 노벨상 같은 것도 생겨요. 왜 사람들이 꼭 누군가한테 '당신을 이성자로 인정합니다' 하면서 자격을 주려고 하는지 살펴봤더니 그래야 장사가 된다는 생각이 거기 끼어들어 있어요. 부르는 게 값인 교육을 만드는 거죠.

반면 감정이 이성이라고 하면 세상에 지워 버릴

게 하나도 없어요. 우리가 칸트의 책을 좋은 교과서로 삼듯이요.

제 지인 한 분은 군 장병들에게 무상으로 인성교육을 하세요. 강의에서 그분이 강조하는 게 딱 두 가지라고 해요. 역지사지(易地思之), 입장 바꿔 생각하십시오. 기소불욕 물시어인(己所不欲 勿施於人), 자기가 원하지 않는 건 남에게도 하지 마십시오. 하지만 이 두 가지로 끝날 일이 아닙니다. 요즘 테러리스트들을 보세요. 나도 살기 싫으니까 너도 죽으라고 하잖아요. 역지사지하면서 자살테러하잖아요.

칸트도 기소불욕 물시어인과 역지사지를 도덕철학의 원리라고 합니다. 그걸 황금률이라고 해요. 그런데요, 황금률이라는 건 다 좋다는 말이거든요. 나쁜 놈이 따로 있다는 생각과는 연결이 안 되는 말이에요.

제 지인이 인성교육을 열심히 다니는 이유는 젊은 이들에게 좋은 거 챙기라는 이야기를 하고 싶어서예요. 그러면서 나쁜 거 버리라는 말도 같이 해요. 칸트가 심어놓은 이성에 관한 오해예요.

프로이트는 이런 이성이 우리를 정신병자로 만든다고 한 학자예요. 정신병자가 되지 않기 위한 키워드를 성(性)에서 찾았어요. 성이라는 건 사랑의 표현이죠. 프로이트가 후기에 쓴 중요한 책《문명 속의 불만》(1930)을 보면 에로스(Eros)와 더불어 타나토스(Thanatos)를 이야기하고 있어요. 사랑, 즉 에로스만 있으면 좋겠는데 죽음도 있다는 말을 하는 거죠. 그렇다고 죽음을 사랑을 끝내는 걸로 보지는 않았어요. 대치물이 아니라 같이 있는 걸로 봤어요. 사랑하는 것치고 죽지 않는 거 없다는 말이죠. 프로이트의 이야기가 갈등구조가 아니었다는 해명은 프로이트의 계승자로 정신과의사이며 철학자인 자크 라캉의 평생 지론입니다. 우리말 논문집《욕망이론》(1994)에 실린 〈프로이트 이후의 이성〉에서 말하는 은유가 이 얘기입니다. 사람들이 라캉이 어렵다고 하는데요, 이성과 감정이 다르다는 눈으로 보면 어려울 수밖에 없어요. 읽히지가 않아요.

프로이트가 꿈 이야기도 합니다. 꿈은 이성이 꾼다고 얘기하지도 못하고 감정이 꾼다고도 얘기하지 못하는데 프로이트는 기가 막히게 '꿈의 해석'이라고 했어요. 감정이 이성이라는 걸 안 거예요. 꿈이라는 말은 감정이 이성이라는 말의 제일 좋은 보기입니다. 꿈에 진실이 담겨 있기 때문에 프로이트는《꿈의 해석》(1899)에 실제로 꾼 꿈을 모아 놓았어요.

라캉도 프로이트의 꿈 이야기를 해요. 죽은 모습과 자는 모습을 우리는 별로 구분을 안 해요. 자다가 깨면 안 죽었다고 하고 영영 자면 죽었다고 해요. 꿈은 자는 상태에서 일어나는 일이잖아요. 그 꿈은 죽음인데, 죽음에 우리 사는 것과 똑같은 일들이 살아 있으니까 죽음과 삶이 다르지 않다는 것을 꿈에서 확인하는 거죠. 그래서 해몽이 있는 건데, 해몽은 옛날부터 했어요. 성경에도 요셉이 해몽을 잘한다고 하고, 해몽 덕분에 이집트로 팔려 갔던 요셉이 이집트의 총리가 됐다고 하고요. 그런데 해몽은 해석이 아니에요.

꿈은 자면서 일어나는 일이고 해몽은 꿈에서 본 사실을 얘기하는 것입니다. 예를 하나 들면, 구약성경 〈창세기〉에 요셉의 해몽 이야기가 나옵니다. 왕이 빼빼 마른 송아지 일곱 마리가 살찐 송아지 일곱 마리를 잡아먹는 꿈을 꾸었다고 합니다. 이를 듣고 요셉이 일곱 해 풍년이 있겠고 일곱 해 흉년이 들겠다고 해몽하고 곡식 창고를 만들어 풍년 때 남은 곡식을 저장하고 흉년을 대비하라고 합니다. 그럼 소를 보고 풍년이니 흉년이니 하는 게 해석 아니냐고 질문이 있을 수 있어요. 소가 풍년에 살이 찌고 흉년에 빼빼 마른다는 건 해석이 아닙니다. 일종의 과학적인 사실입니다. 해석은 사실이 아무 말도 하지 않기 때문에 한다는 의미부여입니다. 이때 이건 좋고 저건 나쁘다는 가치가 부여됩니다. 사실을 이야기하는 것과 해석은 다릅니다. 프로이트도《꿈의 해석》을 내놓으면서 독일어로 해석, 즉 중간에 갖다 끼워 넣는다는 말인 interpretation을 쓰는 대신 그저 꿈을 푼다는 말인 traumdeutung을 씁니다.

오늘날 우리는 해석학의 시대에 살고 있습니다. 하이데거가 해석학이라고 못 박았지만 하이데거 이전부터 이미 해석이라는 일이 있었어요. 그런데 해석을 하다 보면 마음이 따로 있는 줄 알아요. 해석한 내용이 해석한 장본인의 마음이라고 여겨지고요. 그럼 이건 해석한 장본인의 것이 되니까 부르는 게 값이라는 생각이 도져요. 장사꾼들이 하는 짓이죠. 그럼 해석하지 않고 뭘 하냐고요? 배우래도요.

제가 학생들과 함께 《논어》를 읽는 수업을 하는데요, 이를 통해 우리의 감정이 배우는 거지 해석하는 게 아니에요. 《논어》의 텍스트를 주고 시험문제를 내면서도 학생들에게 시험문제와 자기 사이에 복덕방을 끼지 말라는 얘기를 자주 합니다. 해석은 복덕방이 해 주는 거거든요. 그걸 빼고 자기가 직접 읽으면 그다음에는 배운다고요. 시험 치면서도 배우고요. 그리고 배운다는 건 다 좋은 세상을 확인하며 사는 일이고요. 우리의 감정은 마냥 배우거든요.

감정이 자기 자신이라는 걸 아는 아이는 엄마가 공부하라는 말을 하지 않아도 스스로 배우면서 자랍니다. 그러나 엄마가 공부하라고, 안 그러면 큰일 난다고 재

촉하는 순간 아이들은 공부라는 게 내 감정과 상관없구나 하면서 공부를 싫어해요. 책 아래 게임기 숨겨 놓고 친구들과 휴대전화 연락 주고받으며 다른 공부를 하죠. 비 오는 날 엄마는 신발이랑 옷 젖는다고 나가지 말라고 해도 아이들은 흙탕물 속에서 즐거움에 겨워 야단법석을 하면서 빗방울 맞으며 흙탕물 튀기는 느낌을 배워요. 그 또한 자기가 좋다고 해서 하는 공부예요. 아무리 힘들고 귀찮아도 좋으니까 그렇게 배웁니다.

한편 마지못해 하는 공부는 자기 감정이 제쳐 놓고 하는 거라 공부를 해야 한다는 의무만 커져요. 이성이 이상하게 되는 순간이에요. 이성을 이야기하며 의무를 말했던 칸트가 생각나는 대목이죠. 그런 아이가 공부를 잘해서 수석 졸업을 한다고 해도 자기가 뭘 했는지 모르게 돼요. 세상이 수재 취급을 한다고 해도 정작 자신은 자기가 어떻게 살고 있는지 모르는 문제에 봉착해요.

다 좋은 세상

퇴계와 스피노자

퇴계와 스피노자는 다 좋은 세상의 알맹이가 사람의 감정인 것을 각기 동양철학과 서양철학의 일관된 논리에서 확인하고 논증한 학자입니다. 사실 퇴계와 스피노자뿐만 아니라 모든 철학자들이 빠짐없이 다 좋은 세상의 알맹이인 감정이 원동력이 되어 피눈물 나는 노력으로 철학에 일생을 바쳤습니다. 언제나 어디서나 누구에게나 다 좋은 세상이어야지 아니라면 다 좋은 세상이라 말할 수 없기 때문입니다. 사람의 감정은 마냥 새롭게 배워 모르던 것을 알고 잘못 알던 것은 고쳐 알며 다 좋은 세상을 확인해야 성이 차니까요. 다만 자칫 우리를 한순간도 가만 내버려 두지 않는 고마운 감정이 거추장스럽고 못 믿을 것이라고 속단을 해 버리면 뜻밖에 학문은 표류합니다. 천재 영웅도 감정이 못 미더우면 하는 일이 빛나가

버립니다. 다 좋은 세상이 맞다면서, 그러므로 슬프고 화나면 나쁘다 싶은 것들은 쪽쪽 골라 없애야 한다며 자신을 천재 영웅으로 내세워 어린아이들도 하지 않는 짓으로 거침없이 생명도 바칩니다.

독일어 책 중에 다른 언어로 가장 많이 번역된 것은 괴테가 아니라 니체입니다. 그중에서도 제일은 《즐거운 학문》(1882)입니다. 책 제목보다 "신은 죽었다"는 문장으로 유명하죠. 이 문장은 "다 좋은 세상이 죽었다"는 말과 같습니다. 다 좋은 세상은 우리가 만들어야지 신이 만들어 준 것이 아니라는 말이거든요.

프리드리히 니체는 신학자였습니다. 《즐거운 학문》은 스피노자의 《에티카》 못지 않게 역사를 소상히 다룹니다. 결국은 공부해서 즐겁다는 얘기인데, 우리가 "초인"으로 번역하는 übermensch는 '위'를 말하는 über, '사람'을 말하는 mensch가 결합해 아래가 아니라 위에 사는 사람이어야 한다는 말입니다. 이제는 우리가 창조주라는 말입니다. 이 말이 잘못된 건 아닙니다. 공부를 통해 즐거운 세상을 만든다는 얘기이고 우리는 소중하다는 것이니까요. 그런데 이유가 문제입니다. 부모님이 주신 이미 있는 몸은 좋은 게 아니라 다 좋은 세상을 새로 만들어야 한다고 합니다.

좋다 나쁘다 시달릴 일 없는 초인적 의지의 힘

으로 '선악의 피안(선도 악도 없는 저 건너편)'에서 즐거운 학문(Die Fröhliche Wissenschaft)을 누릴 것 같았던 니체는 독일의 속담을 되뇌며 '절망하는 바보(Narr in Verzweiflung)'라고 스스로 노래합니다. 니체를 사모하는 하이데거는 '절망하는 바보'가 싫어 유대인 학살에 나선 히틀러를 두둔하고 나치 체제 하에 대학총장이 되기도 합니다. 다 좋은 사람들은 다 잘난 사람들인데, 어쩌다 못난 사람 잘난 사람 따로 있다 싶으면 천재 영웅도 뜻밖에 스스로 망신살이 듭니다.

16세기에 태어난 우리나라의 퇴계나 100여 년이 지나 지구의 저편 네덜란드에서 태어난 스피노자도, 천재 영웅들이 사납게 난무하는 슬프고 괴로운 시대에 참으로 어렵게 살았습니다. 내로라하는 잘난 사람 천재 영웅들이 무엇을 놓치고 있는지 몰라 묻고 살피지 않을 수 없었습니다. '못나거나 나쁜 사람이기는커녕 남달리 훌륭한데 왜 그럴까? 어디가 다르다는 걸까? 하기야 낱낱이 서로 다른 게 사람이지만 어디가 남달리 다르다는 걸까?' 다 좋은 세상의 열쇠는 사람이면 누구나 다 제 몸에 담겨 있는데, 그럴 리가 없다고 달리 찾으며 아무도 못 찾는 것을 드디어 찾았다고 뽐내는 사람들을 보면서 그렇게 물었습니다.

타고난 감정은 이치대로라서 그대로 좋을 뿐 나쁠 것이 없다. 이치대로인데 아닌가 싶으면 제 물에 놀아나 어쩌다 안 좋다 한다. 감정이라면서 좋다 나쁘다 가려도 역시 좋지 않을 수 없다. 어쩌다 놓치면 감정이 제 구실도 못하고 흐트러져 나쁘다 한다.

四端之情 理發而氣隨之 自純善無惡

必理發未遂而掩於氣 然後流爲不善

七者之情 氣發而理乘之 亦無有不善

若氣發不中而滅其理 則放而爲惡也

—퇴계,《성학십도》

퇴계는《성학십도聖學十圖》(1568) 제6도〈심통성정도心統性情圖〉에서 모든 학문의 핵심을 60자에 담아 명시했습니다. 흔히 이성이라고 이야기되던 사단(四端)이든, 흔히 종잡을 수 없다고 이야기되던 칠정(七情)이든, 정은 하나입니다. 퇴계에게 감정은 있는 그대로의 사실입니다.

26세 연하인 당대의 석학 고봉 기대승은 7년 넘게 퇴계와 교신하면서도 감정의 진실이 학문의 핵심이라는 점이 생소하고 석연치 않았지만, 그 일관된 논리의 정연함과 일상 감정의 외면할 수 없는 진실에 감복합니다. 퇴계의《성학십도》는 고봉의 끈질긴 부탁에 마지못해 당시 17세로 등극한 선조에게 왕도의 길잡이로 올린 글입니다.

다 좋은 세상

일상생활에서 체험하고 길러야 합니다. 처음에는 마음대로 안 되고 서로 모순됨이 있는 근심이 없을 수 없고, 또 때로는 지극히 괴롭고 불쾌한 병통도 있겠지만, 이것은 바로 옛사람이 말한 장차 크게 나아갈 기미이며 또한 좋은 소식의 단서라 할 수 있습니다. 절대 이 때문에 스스로 그만두지 마시고 더욱 자신감을 가지고 힘써야 할 것입니다.

경미한 것이라고 해서 소홀히 하거나 번잡하다 해서 버리지 않으신다면, 종묘와 사직이 아주 다행스러울 것이고 신민도 크게 다행스러울 것입니다.

스피노자는 《에티카》(1677)에서 인간의 정서, 즉 감정을 "이성에 대립하며 공허하고 부조리하며 혐오스럽다"고 하는 사람들, "인간의 정서와 행동을 이해하기보다 오히려 저주하며 조소하는 사람에게 대항"하고자 한다며 기쁨, 슬픔 등 마흔여덟 가지 정서를 설명합니다.

　　스피노자는 "인간의 행동과 충동을 선, 면, 입체를 다루는 방식과 마찬가지로" 고찰하겠다며 기하학적 질서에 따라 정리, 증명, 보충, 주석 등의 항목을 순서대로 나열하여 《에티카》를 썼습니다. 그 딱딱한 형식 속에 농담도 넣고 동물우화도 넣었습니다. 스피노자의 동물 이야기만 모아서 책이 따로 나올 수 있을 정도입니다(《스피노자의 동물 우화》).

(정리 47) 인간 정신은 신의 영원하고 무한한 본질에 관한 타당한 인식을 소유한다.

(주석) 이로부터 우리들은 신의 무한한 본질과 신의 영원성은 모든 사람들에게 알려져 있다는 것을 안다.

《에티카》 제2부 정리 47은 "다 좋은 세상을 안다"는 말입니다. 그에 따르는 주석의 첫 문장은 누구나 다 좋은 세상을 알고 있다는 말입니다. 여기서 "신"은 '이미 있는 다 좋은 세상'입니다.

이런 중요한 이야기를 하는 와중에도 스피노자는 재밌는 말을 던집니다.

(주석) 며칠 전 나는 어떤 사람이 자기 집 손님방이 이웃집 닭으로 날아갔다고 외치는 것을 들었는데, 나는 그의 정신을 충분히 이해했기 때문에 그가 오류를 범하고 있다고는 믿지 않았다.

자기 집 닭이 이웃집 손님방으로 날아갔다는 얘기를 해

야 하는데, 말이 잘못 나와서 자기 집 손님방이 이웃집 닭으로 날아갔다고 하는데, 그래도 자기는 그 말을 알아 듣는다고 합니다. 여기에 '오죽 급했으면!'이라는 정에 대한 이해까지 따라붙어 더 정확한 판단을 내릴 수 있습니다.

사실을 직감하는 정신이 바로 감정입니다. 존 로크가 말했듯 정신이 '빈 서판'이라고 하면 밖에서 쓰여진 대로 바람 부는 대로 거기 적혀지는 걸 내 마음이라고 알게 됩니다. 퇴계가 기발이승(氣發理乘), 스피노자가 '정신의 수동 상태'라고 말한 일이 벌어집니다. 그러나 우리의 감정은 그렇지 않습니다. 내가 느끼는 거지 다른 것 때문에 느끼는 게 아닙니다. 감정은 항상 주체이지 피동체가 아닙니다.

스피노자는 《에티카》 5부에서 쾌락을 쫓는 것은 행복이 아니라는 말을 합니다. 공자가 말한 낙이불음(樂易不淫), 즉 즐거움은 음탕한 게 아니라는 얘기입니다. 5부의 마지막, 즉 《에티카》의 마지막 문장은 라틴어로 "Sed omnia praeclara tam difficilia, quam rara sunt"입니다. Sed는 '그러나' omnia는 '모든 것' praeclara는 '아주 소중하다'는 말입니다. quam은 '~하기 때문에'라는 말입니다. 그러니 마지막 문장은 흔히 해석되듯 "힘들고도 드물다"라기보다 "그러나 모든 고귀한 것은 드무니까 힘들다"

입니다. 여기서 '드물다'는 희소가치를 얘기한다기보다
'하나밖에 없다'는 말입니다. 하나밖에 없기 때문에 힘들
게 돼 있다는 것입니다. 유아독존, 독생자와 다른 말이 아
닙니다. 힘든 것은 열기만 하면 고귀한 게 있습니다. 어렵
다는 말은 여기 보물이 감춰져 있다는 암시입니다. 빈이
무원난(貧而無怨難)과 부이무교이(富而無驕易)에서 보듯,
쉬운 건 보물이랄 게 없습니다.

　　스피노자와 마찬가지로 퇴계도 농담을 좋아합니
다. 1562년 10월 고봉에게 쓰는 편지를 마치며 말에다 짐
을 싣고 한 사람은 이쪽으로 다른 사람은 저쪽으로 당기
며 짐을 가볍게 하려 하지만, 말이 무겁기는 매한가지라
는 이야기를 적고 잘 쓰지 않는 옛 글자 하(呵) 자를 두
개 씁니다. "아무러나 좋습니다, 하하."

　　　　兩人馱物重輕爭, 商度低昻亦已平. 更剋乙邊歸盡甲,
　　　　幾時馱勢得勻停? 呵呵.　　　−퇴계,《퇴계전집 17》

다 좋은 세상

'알 수 없는 것'이라는 유령

—— "그 뭔가는 있는 것인가, 아니면 있지 않은 것인가?"
"있는 것입니다. 있지 않은 것이 도대체 어떻게
알려질 수 있겠습니까?"
플라톤,《국가》

'모른다'는 말과 '알 수 없다'는 말은 언뜻 별 차이가 없어
보입니다. 그러나 잘 살펴보면 '알 수 없는 것'이라는 말
에는 아예 배우거나 알 일이 아니라는 의미까지 들어 있
습니다. 배움이나 앎과는 무관하다는 뜻인 것입니다.

아는 것을 안다고 하고, 모르는 것을 모른다고 하는
것, 그것이 아는 것이다.   -《논어》

'알 수 없는 것'은 무엇일까요? 아무리 별나다 해도 별수

없이 철학은 아는 것 또는 모르는 것에 관한 일입니다. 구태여 공자의 《논어》가 아니더라도 아는 것은 안다 하고 모르는 것은 모른다고 하는 것이 아는 일의 기본입니다. 그런데 '알 수 없는 것'이라고 하면 안다는 것일까요, 모른다는 것일까요? '모른다'는 것도 무엇을 모르는지는 안다는 뜻입니다. 그렇다면 알거나 또는 모르거나 무엇인지는 안다면 '알 수 없는 것'이라고 할 수 있을까요?

가령 어떤 철학체계가 '알 수 없는 것[불가지, 不可知]'을 설정했다면, 그것을 무엇이라 부르든, 어떻게 그런 것을 이름까지 지어 가며 알고 있는지 밝혀 볼 일입니다. 아는 것을 알 수 없다고 하거나, 알 수 없는 것을 안다고 할 수 없는 것인데, 어떻게 이런 일이 가능한 철학이 있을까요? 설사 있다 하더라도 생각하는 사람들이 그리 많은데 어떻게 철학을 그런 지경에 버려 둘까요? 하루 이틀도 아니고 두어 백 년을 자타가 공인하는 당대의 영재들이 온통 그런 철학체계에 놀아난다면, 있을 법이나 한 일일까요?

'알 수 없는 것'이라는 말은 할 수 있지만, 그런 것이란 애초부터 없다는 것을 어쩌다 잊으면, 스스로 속이고 속는 격입니다. 혹시라도 알 수 없는 것은 없지만 '알 수 없는 것'이라는 말을 하기 때문에 그런 것이 있다고 한다면, 그 역시 스스로 속는 것입니다. '알 수 없는 것'이 있다면서 철학으로 밥을 먹고산다면, 사람 잡는다는 선무당만도 못한 것 아닐까요?

'알 수 없는 것' 못지 않게 '알 수 있는 것'도 빈말입니다. '알 수 있다'는 말은 이미 알거나 모르거나 무엇인가를 알고 나서 할 수 있는 것이니까 '알 수 있다'는 말은 해 보아야, 두고 볼 말이거나 아니면 두고 보자는 말에 지나지 않기 때문입니다.

'알 수 없는 것'이라든가 '알 수 있는 것'이라는 말에서 바람을 빼고 나면 아는 것과 모르는 것이 드러날 뿐입니다. 아는 것과 모르는 것은 한 손의 바닥과 등 같아서, 알면 모르는 것이 있고 모르면 아는 것이 있게 마련입니다. 많이 알면 알수록 모를 것도 많아지고, 많이 모르면 모를수록 알 것이 많아집니다. 안다는 것과 모른다는 것은 서로 같이 자라기도 하고 줄기도 합니다. 아는 것이 많아지면서 모르는 것은 적어진다면 동떨어진 생각이거나 아니면 울타리를 쳐 놓고 울안 얘기를 하는 것입니다. 울타리는 여러 가지 까닭으로 치겠지만, 대개는 막을 일이 있거나 감출 일이 있기 때문이지요.

'알 수 없는 것'이라는 말의 쓰임새를 살펴보면 없는 울타리를 칩니다. 울타리 밖을 '알 수 없는 것'이라 하고, 울안을 '알 수 있는 것'이라고 합니다. 울타리가 세워지면 울안에서 아는 것이 많으면 모르는 것이 줄고, 모르는 것이 많으면 아는 것이 별것 없어집니다. 그런 탈이 나면 아는 것과 모르는 것이 같은 걸음을 잊고 서로 겨루고 다툽니다. 안다며 모른다며 사람들을 꼬치 꿰듯 줄 세우기도 하고, 아는 것이 힘이라며 힘 자랑이 판을 치기도 합니다.

'알 수 없는 것'이라는 울타리를 세워 울안을 지키고 다스린다는 생각은 망념입니다. 울타리 밖에 아무도 알 수 없는 것을 신통망통하게 안다는 터무니없는 짓들을 막는다고 설치다 빠진 수렁입니다. '알 수 없는 것'이나 '알 수 있는 것'이나 본디 빈말이라 울타리를 칠 까닭이 없습니다. 울타리 악몽은 떨치고 깨면 그만입니다. 없는 울타리를 세워 놓으면 밖과 밀통한다거나 안을 사수한다는 명목으로 어처구니없는 일들이 벌어집니다.

아는 것과 모르는 것은 울타리 없이 어울리는 것이라 서로 알고 또 믿습니다. 사람도 사물도 아는 만큼 또 모르기에 모르는 것을 믿고, 믿는 만큼 알 것이기에 모르는 것을 알게 되는 것입니다. 안다는 믿음 없이 모르는 것을 알지 못하며, 아는 것 없이 모르는 것을 믿지 못합니다. 모르는 것을 믿으면서 알게 되고, 모르는 것을 알면서 아는 것이 자라기도 하고 고쳐지기도 합니다.

믿음은 말하지 않아도 사람이나 사물을 두고 모르는 것을 알아 가고 아는 것을 고쳐 가는 일에 스스로 드러나는 사람의 본디 모습입니다. 탈이 나지 않으면 믿음은 말하지 않아도 제 일을 하고 있는 것입니다. 믿음을 따로 꼬집어 말한다는 것은 탈이 난 때문입니다. 아는 것과 모르는 것이 무슨 탓이든 뒤죽박죽이 되고, 아는 것도 모른다 하고 모르는 것도 안다면 탈입니다. 탈을 고치려 않고 구실이나 찾는 것이 바로 '알 수 없는 것'이라는 빈 말입니다. '알 수 없는 것'으로 아는 것과 모르는 것에 쐐기를 박아 서로 돌보지 못하게 하는 눈가림인 셈입니다. 그런 어이없는 구실을 탈난 것을 고치는 처방전으로 쓰겠다면 더욱 어처구니없는 짓입니다.

　　우리의 정은 오늘도 좋다 싫다를 끊임없이 반복하며 모르던 것을 알고 알던 것을 다시 알아 갑니다.

4장

감정
공부

슬픔은 상처를 주지 않는다

———— 슬픔아, 네가 필요해.
영화 〈인사이드 아웃〉

세상에 확실하게 있다고 말할 수 있는 것은 바로 나 자신입니다. 있다는 얘기를 할 때는 항상 나를 떠나면 안 됩니다. 내가 물을 마시는 이유는 마시고 싶기 때문이에요. 물을 마시는 행위는 내가 하고 싶은 일을 함으로써 나를 확장하는 거예요. 물을 마시고 나면 우리의 정은 이 물이 내 것이라고 느낍니다. 그만큼 내가 커집니다.

얻을 득(得) 자는 아주 좋은 글자입니다. 득은 자기가 얼마나 큰지를 확인한다는 말입니다. 예를 들면, 제가 여러분을 알기 전에는 길가에 지나치는 사람 중에 한 사람인 줄 알았어요. 그러나 여러분을 알고 나면 길에서 마주쳤을 때 "아, 누구 씨!" 하며 기뻐하잖아요. 이때 제가 커진 거예요. 이런 걸 충(充)이라고 합니다. 충은 마냥 커집니다.

밖에서 무언가를 얻는다고 생각하면 종국에는 그걸 잃어버릴까 봐 염려하는 일이 벌어집니다. 돈이라는 게 원래 들어왔다 나가는 것이고, 사람도 만났다가 헤어지는 법인데, 안 보이면 잃어버린 줄 알고 보이면 얻은 줄 알아요.

《논어》에 즐겁지만 음탕하지 않다[낙이불음, 樂而不淫], 슬프지만 상처 주지도 않고 받지도 않는다[애이불상, 哀而不傷]는 말이 있습니다. 즐거움은 좋지만 즐거움이 없으면 안 되는 줄로 잘못 알면 음침한 일이 생깁니다. 음(淫)은 밤낮 해야 한다고 생각하는 거예요. 좋은 것이 내 세상이 아니라 밖에 있는 줄 알면 사람은 함정에 빠집니다. 원래 즐거움은 이런 게 아닙니다.

슬픔은 우리에게 상처 주는 게 아닙니다. 사람이 슬프지 않으면 즐거움이 있는 줄 모릅니다. 슬픔은 내 세상을 넓게 해 주는 촉매제입니다. 슬프지 않으려고 술을 먹고 환각제를 먹다 보면 내 충실은 자라나지 않습니다.

슬픔이 너무 아프고 힘들어서 상처를 입었다는 말은 슬픔을 얘기하는 것 같지만 아닙니다. 다 좋기 때문에 슬픈 거잖아요. 다 좋아야 하는데 그렇지 않다고 느껴지

다 좋은 세상

기 때문에 슬픈 겁니다. 그런데 슬픔이 안 좋다는 생각이 끼어들어 가는 순간 슬픔은 나를 다치게 하는 게 돼 버려요. 즐거움도 마찬가지예요. 즐거움이 안 좋다는 생각이 끼어드는 순간, 즐거움이 덫이 됩니다.

어떨 때는 '좋다'는 말에 깜빡하기도 하지만 어떨 때는 '다'라는 말에 깜박하기도 해요. '다 좋다'는 말은 어떤 것만 좋다는 게 아니에요. 슬픈 것도 마찬가지예요. 다 좋은 세상에서 슬픔은 다 좋은 세상을 까먹는 나에게 다 좋은 세상을 알려 줍니다. 그래서 우리가 다 좋은 세상을 까먹어도 마냥 까먹을 수가 없습니다. 슬픔이 나를 깨우쳐 주잖아요. 다 좋은 세상이라서.

이런 얘기를 하면 어떤 학생들은 심각하게 반문을 해요. "선생님은 슬픔이 안 아프세요?" 자기는 지금 슬픔이 얼마나 아픈데 그러느냐고요. 아프다는 것은 사실이거든요. 배가 아프다, 그건 내가 마음대로 하는 게 아니에요. 그러나 배가 아프기 때문에 다친다는 말은 달라요. 배가 아픈 게 사실인데 그것 때문에 내가 학교를 못 간다든가 하고 있던 일을 망쳐 버리면 그런 걸 다친다고 하지, 아픈 것 자체를 다친다고 하지 않거든요. 그래서 아플 고(苦) 자는 다친다는 상(傷) 자와는 전혀 달라요.

요즘 학교에서 영어로 《논어》를 가르칩니다. 그 과목 기말 시험을 이렇게 냈습니다. 지문으로 "Sorrow does not hurt"라는 문장을 제시하고 질문은 "Are you hurt?"라고 했습니다. 객관식이라 선택지가 있어요. 1번은 "Yes. I am, because I feel sorrow"예요. 그런데 이건 제시한 문장이 하는 말은 아니거든요. "Sorrow does not hurt" 했으니까요. 그런데 질문은 자기 자신한테 하는 거라서 자기 답을 해야 하는데 1번이 자기에게는 맞는 것 같아서 문제가 어렵게 느껴져요. 2번은 "No. I am not, because I feel sorrow"예요. 말이 이상해요. 그러나 제시한 문장은 그 말을 하라고 막 소리를 지르고 있잖아요. 3번은 "No. I am not, because I do not feel sorrow"예요. 틀림없는 답 같지만 1번이나 다름없이 슬프면 다치니까 다치지 않으려면 슬프면 안 되겠다는 말이죠.

연속극 보면서 우리가 많이 우는데요, 우리가 상처 받으려고 연속극을 보는 건 아닙니다. 그런데 울다 보면 조금 시원하죠. 슬픈데 다치지 않았어요.

물론 답은 2번 "No. I am not, because I feel sorrow"입니다. 그게 정답이라는 걸 알고 나면 그다음에는 얼마든지 슬픔을 느껴도 돼요. 그게 자기를 다치게 한다는 생각을 하지 않기 때문에 충분히 슬퍼할 수 있어요. 슬픔이 나를 지켜 준다고요. 슬플 일에 슬프지를 않으면 사람인데도 몸이 몸답게 활동을 못하니까 다치게 돼 있어요. 슬픔을 아는 사람은 슬픔 때문에 다치지 않아요. 감

다 좋은 세상

정이 우리를 지켜 주느라고 감정이거든요. 감정 '때문에' 우리가 다치지 않는 거예요.

　　화에 대해서 생각해 볼까요? 화에는 '다친다'는 말을 쓰지 않고, '옮긴다'는 말을 써요. Carry around. "어제 있었던 일 '때문에' 지금 괴롭지 않아" 또는 "남대문에서 있었던 일 '때문에' 지금 동대문에서 화내지 않아." 이처럼 "왜냐하면 내가 화가 났었기 때문이야"라고 할 수 있어야 해요. "화가 났다. 그래서 옮기지 않는다." 이런 말이죠. 화는 급하게 한번 내는 거지, 지고 다니면 힘들어요. 그래서 화를 지고 다닐 때면 우리 스스로에게 더 화가 나요. 지고 다니지 말라고 자꾸 화가 나는 거예요. 화가 자꾸 화내지 말라고 그러는 거잖아요. 더 지고 다닐수록 화가 점점 더 난다고 알려 주는 거예요. 나중에 응어리가 맺히면 드러누워야 해요. 그걸 홧병이라고 해요.

　　화를 지고 다니지 않는다고 하면 사람들이 "그건 그냥 참는 거잖아요" 하고 물어요. 참는 것도 감정이에요. 화를 내지 않는 것도 감정이라는 얘기예요. 그냥 참는 거지, 참아야 하기 때문에 참는 게 아니에요. 이때 참는 일은 내 화를 지켜 주는 방법이 돼요. 반대로 못 참는 것도 감정이에요. 참고 싶지 않아서 못 참는 게 아니에요. 참을 수가 없으니까 못 참는 거예요. 맹자가 말했대도요. 참지 못하는 게 사람이라고요.

129

우리는 '참는다'는 말을 보통 몸과 마음이 따로인 줄 알고 써요. 우리가 흔히 '참고 산다'고 할 때는 몸과 마음이 따로인 줄 아는 거예요. 몸은 못 참는데, 머리로 참으라는 말이거든요. 그러면 사람은 큰일 나요. 그럴 때는 '참지 마'라고 말해 줘야 해요.

제가 시험문제를 내면서 《논어》에 실린 감정의 이야기가 학생들에게도 맞는지 자꾸 물어봐요. 이게 남의 답이 아니고 내 답이 맞나 궁리하면 정말 자기 답이 되게 돼 있어요.

다 좋은 세상

어른들의 감정 교육

───── 아이는 어른의 아버지
바라건대 나의 하루하루가
자연의 경건함으로 생동하기를
윌리엄 워즈워스, 〈내 가슴은 뛰노니〉

앞서 감정이 이해하는 일을 학문으로 여기지 않으면 학문이 엉뚱한 방향으로 흘러간다고 했습니다. 전쟁정신도 그렇게 태어나는 거라고요. 공자가 살았던 춘추전국시대는 온통 전쟁정신에 홀려 있었습니다. 그 와중에 공자는 먼저 학문을 바로잡습니다. 학문이 전쟁의 도구로 전락하면 아무리 평화를 표방한다 해도 이는 평화를 확보하기 위한 전쟁수행 능력을 배양하는 일이 될 뿐이라고 보았습니다. 평천하(平天下)는 고사하고 결국 개인은 물론 천하의 행복을 말살한다고요. 공자 역시 감정의 참된 자기이해가 학문이라고 가르치는 사람 중 대표 격입니다.

> 공자께서 말씀하셨다. "나는 열다섯에 학문에 뜻을 두었고 서른 살에 확립하였으며, 마흔 살에 혹하지 아니하였고, 쉰 살에 천명을 알았고, 예순 살에 귀가 순했고, 일흔 살에 마음이 하고자 하는 바를 따르지만 법도를 넘지 않았다." —《논어》

여기서 "마음이 하고자 하는 바[심소욕, 心所欲]"는 감정입니다. 되돌아보면, 법도를 넘지 않는 참된 감정이 학문에 뜻을 두게 하고 확립하게 하며 혹하지 아니하게 하고 천명을 알게 하며 귀를 순하게 하여 학문을 이루는 것입니다. 이 구절은 감정의 참된 자기이해로 일관된 일생을 기쁘게 회고하고 있습니다. 행동철학에 오염된 흔한 오독처럼 목적을 향한 의지의 행군이 결코 아닙니다.

> 공자께서 말씀하셨다. "배우고 제때에 그것을 익히니 또한 기쁘지 아니한가! 벗이 먼 지방에서도 오니 또한 즐겁지 아니한가! 남이 알아주지 아니해도 화나지 아니하니 또한 군자답지 아니한가!" —《논어》

다 좋은 세상

아주 유명한 구절입니다. 이때 '기쁨' '즐거움' '화나지 아니함'은 감정입니다. 배우고 제때에 그것을 익히며 벗이 멀리 왕래하고 남에게 의존하지 않고 스스로 배우는 감정의 참된 자기이해가 학문이며 군자다움이라는 말입니다. 사람은 마냥 배우며 사니까 기쁠 따름이라는 거죠.

유학에서 교육을 크게 소학, 대학으로 나눕니다. 소학(小學)이라는 건 기본 교육이에요. 요즘 말하는 가정교육과 유치원, 초등학교 정도의 교육이 여기 해당합니다. 소학은 아이에게 너의 몸은 요만하지만 우주가 너의 몸을 만들었고 그래서 몸은 온 우주를 즐길 수 있는 기초기지가 된다는 걸 얘기해 줘요. 나갈 때 부모님께 나간다고 인사하고 들어올 때 부모님께 들어왔다고 인사하고, 아침에 일어나 마당에 빗질을 하게 합니다.

인사는 부모님께 나를 알리는 일도 되지만 자기의 시간과 공간이 달라짐을 스스로 확인하는 일이에요. 밖에 나가서 집에서 행동하듯 하면 안 되겠다 하고요. 반대로 집에 들어와서 바깥에서처럼 행동하면 안 되겠다 하고요.

마당에 빗질을 하면 깨끗하고 좋잖아요. 그래서 어른들이 칭찬을 해요. 처음에는 아이들이 빗질을 마지못해 하지만 식구들이 칭찬을 하니까 내 몸은 작지만 이런 걸 할 수 있다는 걸 배워요. 그걸 간단하게 쇄소응대라고 해요. 물뿌릴 쇄(灑), 쓸 소(掃) 그리고 인사드리는 응대(應對). 그 교육만 해도 사람 됐다고 해요. 소학이죠.

대학(大學)은 꼭 안 배워도 사람이 못 사는 건 아니지만 배우면 여러 사람이 혜택을 누리는 교육이에요. 요즘 학교로 치면 중등교육부터를 대학이라고 할 수 있어요. 달이 어떻게 생겼는지, 지진은 왜 일어나는지, 길을 닦을 땐 어떻게 해야 하는지 배웁니다.

소학, 대학 배우면 끝인데 퇴계의 《성학십도》에 보면 백록동(白鹿洞)이라는 것도 있습니다. 대학을 하면서 다른 사람들과 어울려 더 큰 자리에서 일을 하다 보면 소학을 까먹거든요. 백록동은 자기 몸이 소중하다는 것, 자기의 정을 따라 배워야 한다는 것을 다시 일깨워 줍니다. 지금으로 치면 평생교육이나 지도자 교육이라고도 부를 수 있을 거예요. 이때 소학 교육을 다시 합니다. 감정 교육이에요.

일본에 마쓰시타 정경숙 있잖아요. 일본의 지도자들을 교육시키는 곳으로 아주 유명하죠. 그곳에 가면 배우러 온 사람들을 앙앙 울고 깔깔 웃을 때까지 못살게 군다고 해요. 그냥 울고 웃는 게 아니라 아이처럼 점잖지 못하게 마구 울고 웃는 거예요. 감정 교육이죠. 그곳이 일본 최고 인기의 교육기관입니다. 아이 되는 교육을 받는 곳이죠. 이런 예는 부지기수입니다.

다 좋은 세상

플라톤의 《법률》에서 교육을 파이데이아라고 해요. 'paideia'는 아이를 아이답게 지킨다는 말이에요. 아이들은 내버려 둬도 배우잖아요. 그게 교육이에요. 아이들이 아이들의 모습을 잃어버리면 교육을 잃어버리는 거예요. 아이들은 다 좋아서 배워요. 나쁜 줄 알면 도망을 가지 배우려고 하지 않아요. 비 오는 날, 기어코 나가서 진흙탕에 들어가는 것처럼요. 아이들을 내버려 두면 다 좋은 세상을 확인해요.

파이데이아에서 eia 대신 ia라고 하면 파이디아(paidia) 즉, 놀이가 돼요. 애들은 놀게 해 줘야 배워요. 소꿉놀이라는 게 있잖아요. 그게 아이들의 자기교육이에요. 너는 엄마야, 나는 아빠고 하면서 자기들끼리 별의별 걸 다 한다고요. 때로는 너는 나쁜 놈이고 나는 좋은 놈이야, 너는 악마고 나는 천사야, 하면서 전쟁놀이도 해요. 놀이여서 아무도 안 죽어요. 진짜 죽었다고 죽은 척을 하면 아이들이 운다고요. 아이들의 전쟁은 상대를 없애기 위한 게 아니라 배우기 위한 거예요. 이러면 어쩔래 하는 거죠. 아이들이 전쟁놀이 같이하는 친구는 자기가 제일 사랑하는 친구잖아요. 싫어하는 친구랑은 전쟁놀이 안 하죠. 아예 놀이를 같이 안 해요.

전쟁놀이 할 때 아이들은 현실이 곧 사실이 아니라는 것을 잘 알고 있습니다. 소꿉장난은 어린아이들의 현실이 틀림없지만, 어린아이들도 놀이는 사실이 아니라는 것을 알기 때문에 장난을 재미있어 하는 것입니다.

현실과 사실이 같은 줄 잘못 알면, 현실 걱정에 눈이 어두워지면, 사실을 배우고 알고 밝히지를 못합니다. 사실이 현실에 가려집니다. 현실이 아무리 걱정스럽고 괴로워도 사실이 아니기에 감정은 슬프고 화나고 겁내며 끝내 사실이 밝혀져야 비로소 기쁩니다. 현실은 사실이 아니라, 다 좋은 세상의 사실이 느껴지고 배워지고 알아지는 고맙고 소중한 삶의 현장입니다.

세상이 시끄럽고 살기가 괴로워지는 것은 현실이 이상과 달라서가 아니라 사실을 망각하기 때문입니다. 다 좋다는 사실 말입니다. 사람이 현실에 중독되면 사실불감증이 발생하고 사실불감증이 고질이 되면 아예 사실은 망각하고 현실을 사실로 착각하게 됩니다. 프랑스 철학자 장 보드리야르는 금세기의 사실불감증을 시뮬라시옹(simulation)이라고 불렀습니다. 현대인은 사본인 현실을 원본인 양 착각하여 사실이 아닌 사본의 현실세계에서 살고 있다고 지적했습니다.

다 좋은 세상

질문하는 정

Happiness is two kinds of ice cream
pizza with sausages, climbing a tree
만화 〈피너츠〉

어느 교수님이 제 수업을 들은 적이 있어요. 제가 다 좋은 세상이라는 얘기를 또 하고 있으려니까 그분이 그래요. "교수님, 인간에게 행복할 권리가 정말 있는 겁니까?" 그분은 현실을 이야기하는 거죠. 현실을 알고 나면 어떻게 행복하다는 얘기가 나올 수 있는가 의문이 든 겁니다. 나는 여기서 다 좋다고 하고 있지만 엄청난 비극을 겪고 있는 사람들이 엄연히 있는 게 현실인데 과연 나 혼자 행복하다고 할 수 있느냐는 질문입니다.

행복이라는 건 다 좋은 세상이라는 확인입니다. 본

인이 확인해야 하는 부분이지 제가 뭐라고 설명을 한다고 답이 되는 건 아닙니다. 다 좋은 세상이라는 말은 사실을 얘기하는 거지, 사실이 아닌 얘기를 하는 게 아닙니다. 해석이 아닙니다. 슬프다, 기쁘다, 화난다 하는 얘기는 일부러 슬프려고 슬퍼지는 것도 아니고 기쁘려고 기쁜 것도 아닌데 "행복할 권리가 있습니까?"라는 말에는 행복하려고 하면 행복할 수 있다는 의미가 포함되어 있습니다. 권리도 없는데 감히 행복하다고 할 수 있느냐는 말은 행복하지만 우리의 정이 슬프고 싫다고 한다는 것입니다. 행복한데 행복한 느낌이 아니라는 겁니다. 슬픔은 항상 질문입니다. '왜 슬프지?'

유학에서는 질문하기를 좋아하는 게 우리의 정이라고 합니다. 화도 일종의 질문이에요. 화를 버럭 내면서 우리가 "왜 이래?" 그러잖아요. 그런데 사실이 아닐 경우에 이런 질문을 하지, 사실일 경우에는 질문도 생기지 않습니다. 있는 게 뻔한데 구태여 물을 일이 없잖아요. 옆에 아이가 있는데 그 아이가 왔냐고 묻지 않듯이요.

처음 보는 이상한 빛깔의 음료수를 누가 갖다 주면서 "드세요" 하면 그 음료수는 내가 사실로 알고 있던 음료수들과는 다르니까 "이게 뭐예요?" 합니다. 이는 "내가 아는 사실이 아니잖아요"라는 의미예요. 평소에 이런 거안 마셔 봤다는 의미죠. 그 새로운 음료수를 마시면 그때

다 좋은 세상

부터 그 음료는 내가 아는 사실 안으로 들어옵니다. 이렇게 끊임없이, 내가 기다리지도 않았는데 사실을 확인해주는 우리의 능력이 정입니다.

슬픔도 화도 평소에 내가 아는 사실과 다르다는 데서 출발하는 질문입니다. 내가 아는 사실 안으로 내 사실이 아니었던 것들을 품게 되면 내가 그만큼 커집니다.

기쁨은 인간이 더 작은 완전성에서 더 큰 완전성으로 이행하는 것이다. — 스피노자, 《에티카》

슬픔은 인간이 더 큰 완전성에서 더 작은 완전성으로 이행하는 것이다. — 스피노자, 《에티카》

다투는 정

정은 또한 다투기를 좋아합니다. 다투는 건 정이 배우는 과정이라서요. 다툼이 활발한 정은 정이 깊어지지 흐트러지지 않아요.

　　칼 야스퍼스는 다투는 걸 나쁘다고 하면 안 된다고 했던 철학자였어요. 그는 존재와 시간을 나눠 생각한 하이데거가 뭔가 어긋났다고 봤어요. 그리고 투쟁을 꼭 상대방을 없앤다고 생각하지 말고 사랑의 투쟁이라고 부르자고 했어요. 사랑 싸움을 철학용어로 만든 게 바로 야스퍼스예요. 독일어로 리벤더 캄프(liebender kampf)라고 하는데, 야스퍼스는 사랑 투쟁을 하면서 실존과 실존 사이의 사귐이 이루어진다고 했어요.

싸울 때는 정이 판단기준이 돼야 해요. 정은 행동에다 어떤 가치판단의 기준을 두려고 하지 않아요. 그건 엄마들이 잘 알아요. 아이들더러 너 이래야 해, 저래야 해 하는데 어떨 때는 아이들이 엄마가 하라는 대로 했다가 잘못되는 경우가 생겨요.

〈게으른 잭〉 이야기를 보면 엄마가 물건은 주머니에 넣고 오는 거라고 알려 주니까 잭이 우윳병을 주머니에 넣고 오다가 다 쏟아 버리죠. 이번엔 엄마가 물건은 머리에 이고 오는 거라고 알려 주니까 잭이 치즈 덩어리를 머리에 이고 오는 일이 벌어집니다. 아이들이랑 있다 보면 이런저런 조언들이 별 도움이 안 된다는 걸 느낄 때가 있습니다.

야스퍼스 이야기로 돌아와서, 싸우는 사랑도 사랑이라서 싸움이 존재를 해치지 않아요. 싸우고 나면 쌍방이 다 자기가 커졌다고 느껴요. 플라톤이 원래는 씨름꾼이었다고 말씀드렸는데요, 씨름이 좋았던 이유가 씨름을 할 때마다 자기가 더 커졌다고 느꼈어요. 지고 이기고와 상관 없어요. 질수록 얻는 게 더 많아요. 진 선수는 다음 번을 기약하는 기개가 남달라요. 이긴 선수는 다음을 기다리면서 초조하고요.

싸우면서 상대방이 없어져야 후련하다고 한다면 왜 싸우는지 모르고 싸우는 셈이에요. 그건 자멸이에요. 정이 판단기준이 될 때는 정이 '됐어' 하면 싸움은 언젠가는 끝나요. 정을 판단기준으로 두지 않으면 싸움은 끝나지 않아요. 철학이 그리스어로 필로소피아(philosophia)인데요, philo는 사랑, sophia는 지혜예요. 우리가 흔히 알듯 지혜를 사랑한다는 말이라기보다 사랑이 아는 것이 철학이라는 말이에요. 사랑이라는 건 하면 있고, 안 하면 없는 게 아니에요. 우리가 슬프려고 슬픈 게 아니듯, 사랑도 일부러 하지 않거나 일부러 할 수 없어요. 배우고 먹고 잠자는 일 모두 사랑이 없으면 그렇게 할 생각을 못하게 돼 있어요. 자기를 스스로 알아 가는 것을 사랑이라고 하지 남이 시켜서 일부러 알아 가는 건 사랑이라고 하지 않아요.

　　우리가 자꾸 책을 읽는 이유는 자기가 직접 겪지 않은 일도 책으로 읽으면 자기가 당한 것과 다름없이 느껴져서예요. 나 자신이 책에 그렇게 크게 드러나는 것이라서 울림이 있어요. 울림으로 일이 되어 가요. 요즘 울림이라는 말이 과학적으로 많이 쓰이는 곳이 바로 병원입니다. MRI(magnetic resonance imaging, 자기 울림 영상)예요. 자석통이라고 할 수 있는 커다란 기계에 사람이 들어가면 고주파를 발생시켜요. 그런 다음 각 부위의 울림을 측정하는 거예요. 안 보이는 몸의 상태를 파악하는 가장 발전된 방법이죠.

자석은 끌거나 밀어요. 이게 바로 정의 구조예요. 끌어도 좋고 밀어도 좋지, 밀면 나쁘고 끌어야만 좋은 것이 아니에요. 민다고 사랑하지 않는 게 아니에요. 자석 둘을 서로 같은 극끼리 만나게 놓으면 밀면서 휙 돌아서 덜커덕 붙어요. 그렇게 서로 만날 계기를 확인하는 것뿐이에요. 자석 두 개를 놔 두면 떨어져서는 못 배겨요. 거기에는 울림이 있어요. 울림은 사진을 찍어도 찍힌다고요. 움직임이기 때문에요.

물리학에서는 움직임이 무척 중요해요. 에너지도 중요하고요. 우리가 오만 가지 것들을 제대로 알았는지 아닌지를 아는 방법은 하나밖에 없어요. 좋아야 해요. 다른 말로 하면 기뻐야 하고 즐거워야 해요. 안 그러면 감정이 자기를 가만히 내버려 두지 않아요. 기쁠 때까지 즐거울 때까지 자꾸 더 알아보고 공부하고 물어보고 만나라고 채근해요. 그러노라면 슬픔도 느끼고 화도 느끼고 두려움도 느끼지만 그게 풀릴 때까지는 거기서 놓여나지를 못해요. 좋다는 걸 알아야 직성이 풀립니다. 이를 내가 나의 진실이라고 보지 않는다는 건 배우려고 하지 않는다는 거예요. 배우면 마침내 즐겁고 좋다는 게 확인되게 마련입니다. 그게 우리가 말하는 배움의 기쁨이고 삶의 즐거움이에요. 삶의 즐거움은 마냥 커져요. 내가 밑도 끝도 없이 얼마나 큰지를 확인하는 거예요. 그걸 덕(德)이라고 해요.

몸과 말

——— *우리가 어떻게 춤추는 사람을*
춤으로부터 구별할 수 있겠는가?
리처드 예이츠, 〈학교 아이들 속에서〉

제일 처음 말이 생길 때 정이 말이 됩니다. 깔깔깔 웃는 소리, 훌쩍훌쩍 우는 소리 모두 감정의 소리입니다. 화가 나서 소리를 꽥 지르면 그게 말이 되고 또 글이 됩니다. 원래 말이라는 건 정이 하는 말이에요. 이걸 저는 '정(情)말'이라고 합니다. 정(情)말이 아니면 정(正)말이 아닙니다.

　　거짓말이라는 말은 정말 같지 않을 때 주로 하죠. 어떤 사람이 우리 집에 들어와서 쫓기고 있다고 제발 좀 숨겨 달라고 해요. 곧이어 쫓는 사람들이 들이닥쳐서 "이 집에 누가 숨었죠?" 하고 물어요. 그럴 때 "아니요"라고 답해서 사람 살리면, 그 말은 정말입니다. 사람을 살리고 싶은 게 사람의 정이니까요. 이걸 거짓말이라고 하면 그 다음엔 거짓말이 뭔지 정말이 뭔지 모르게 됩니다.

정말이라고 말할 때 말의 기준은 정(情)에 있는 것이지, 말에 있다고 보면 말이 말을 결정하게 되고 말꼬리에 말이 물려 버립니다. '숨었죠?' 물을 때 '숨었다'라고 답해야 정말이라고 하면 이런 것을 무늬만 논리인 형식논리라고 합니다. 그 사람들이 왜 집에 들어와서 숨었는지 아닌지를 따지죠? 숨은 사람 해코지하려고 그럽니다. 사람의 정은 그걸 알아요. 사람의 정은 '숨었다'고 말하는 것이 정에서 어긋난다는 것까지 압니다. 그래서 안 숨었다고 합니다.

이렇게 해서 이 말 덕분에 누군가가 살았다면, 뒤쫓아 온 사람들이 내 말을 믿은 것입니다. 왜 믿죠? 형식논리에 충실해서 믿은 게 아니라 그 사람들 또한 정을 믿은 것입니다. 자기들에게 거짓말할 것 같지 않아서 믿은 겁니다. 그래서 되묻지 않고 돌아갑니다.

반대로 같은 사람들이 형식논리에 충실하다면 말은 형식이지 사실이 아니니까 "숨었죠? 숨겨 주고 안 숨겨 줬다고 하면 거짓말이에요" 합니다. 게다가 몇 번 속는 일이 반복되면 "안 숨었다"고 해도 "안 숨긴 뭘 안 숨어?" 하면서 형식논리조차 무시합니다. 형식논리를 따르는 것 같지만, 사실은 형식논리를 따지려고 질문을 한 것도 아니고 형식논리로 판단하려고 질문한 것도 아니에요. 오직 정이 원칙이에요. 쫓아온 사람이 대답하는 사람의 정을 헤아려 사람을 살리고 싶은 게 그 사람의 정이라는 걸 안다면 샅샅이 뒤져서 숨은 사람을 찾아 낼 수도 있겠지만, 찾은 뒤에 사람을 죽여 버린다면 이는 남의 인정은 알고 제 인정은 모르는 겁니다. 제가 지어낸 이야기가 아니라 유대교와 기독교 성경에 나오는 유명한 창녀 라합의 얘기입니다.

우리가 몸이냐 마음이냐 얘기할 때 몸만 있으면 거기 정은 없다고 합니다. 마음만 있어도 정이 없고요. 마음과 몸이 같이 작동을 하고, 몸의 마음이고 마음의 몸일 때 정이 있는 거예요. 그런데 좋은 사람들 사이에 나쁘다는 말을 더 많이 해요. 모르는 사람들한테는 나쁘다는 말을 별로 안 해요. 잘 아는 사람일수록, 좋은 사람이라는 걸 확실히 아는 사람일수록 나쁘다는 말을 많이 합니다.

엄마와 아이를 보세요. 아이에게 나쁘다는 말을 제일 많이 하는 사람이 엄마잖아요. 나쁘다고 말하면 좋아할 사람 아무도 없습니다. 각자 다 자기가 좋은 사람이라고 알고 있기 때문에요. 나쁘다는 말은 좋은 사람더러 나쁘지 말아야 한다고 하는 말이지, 정말 나쁘다는 말이 아닙니다. 아이가 좋을 수밖에 없으니까 엄마가 아이에게 나쁘다는 말을 자꾸 하는 거예요. 이때 나쁘다는 말은 느낌이 아닌 것 같다는 거고요. 싫다는 말이나 나쁘다는 말이나 말귀를 알아들으면, 사람은 좋아야 하는 건데 어째서 지금 나쁜 느낌과 싫은 느낌이 나느냐고 질문하는 말이 되는 거지 나쁜 게 있다는 말이 되지 않습니다. 정이 아닌 것 같다는 거죠. 두 가지 이유 때문이에요. 하나는 엄마가 아이 사정(事情)을 모르기 때문이고, 둘은 아이도 엄마 사정을 모르기 때문이에요. 아이가 엄마의 세상을 배우고 엄마가 아이의 세상을 배우면 서로 자기가 훨씬 커졌다는 걸 확인하게 돼요.

우리는 영원무한한 우주의 사정을 다 알 때까지도 배우고 싶어합니다. 그 과정에서 우리는 수없이 좋다, 나쁘다, 좋다, 나쁘다를 반복해요. 이렇게 보면 나쁘다는 말은 좋은데 왜 좋은지 모르겠다는 물음입니다. '싫어' '나빠' 하는 건 느낌이 그런 걸 사실대로 얘기하는 동시에 내가 안다는 말을 하기가 힘들다는 거죠. 안다는 말의 핵심은 좋다는 것이니까요. 모르면 좋다고 안 그래요. 좋지 않다고 생각하면 안다는 말이 버거워요. "무슨 일 있어?" 물을 때 그 일이 나쁘다 싶으면 "아 몰라" 하잖아요. 인간 언어의 구조가 그렇게 돼 있어요.

동물들도 그렇지만 사람도 마찬가지로 소리를 낼 때는 뭐가 있다 없다를 말하는 겁니다. 여기 호랑이가 있다. 호랑이가 갔다. 없다고 없고 있다고 있는 게 아니라, 있다고 느꼈던 게 지금은 없다고 느껴질 때 없다고 말하고, 없다고 느꼈던 게 지금은 있다고 느껴질 때 있다고 말하는 겁니다. 없는 게 있을 수도 없고, 있는 게 없을 수도 없어요. 그래서 스피노자가 있다는 건 '영원한 완전성'이라고 했어요. 안 그러면 우리가 있다는 말을 못한다고 했어요.

있던 게 계속 있었으면 좋겠는데 없어졌다는 느낌을 받으면 슬픔으로 드러나요. 그런데 슬픔은 내가 있다고 느꼈던 게 좋은 것임을 확인시켜 주는 느낌이라 많이 슬퍼 본 사람, 싫은 게 많았던 사람들이 늘 좋다고만 느꼈던 사람보다 많은 것을 배워요. 자기 삶의 폭이 훨씬 넓고요. 싫은 게 사실은 좋은 거였다는 걸 확인해 본 사람들이죠.

온실 속에만 살다 보면 겁이 나서 밖으로 나서기가 더 힘들어요. 그런데 석가모니는 온실 속에 갇혀 있지 않았죠. 왕궁에서 스스로 걸어 나가자마자 생로병사를 봤어요. 죽어 가는 늙은이, 병든 사람들. 이럴 수가 없잖아요. '왜들 그러지?' 하며 들여다봤더니 그것마저 다 좋은 세상이라고 확인했어요. 그 소식이 퍼져서 사람들이 '부처님 얘기면 우리도 다 좋게 살 수 있어' 했던 거예요.

몸과 마음

Though I past one hundred thousand miles
I'm feeling very still
데이비드 보위, 〈Space Oddity〉

몸이라는 말과 마음이라는 말이 갈라지는 시점은 감정이 존중받지 못하고 무시받는 시점과 똑같습니다. '이거 나쁜 거야' 할 경우에 이걸 없애야겠다면서 없애는 건 몸이에요. 그런데 몸을 없애도 존재는 없어지지 않아요.

컵을 다 부수어서 몸체가 없어지더라도 형태가 바뀔 뿐 우주에서 없어지지는 않는다고요. 컵이라고 불렸던 것은 없어졌지만 컵이라는 것을 가능하게 했던 물질들은 없어진 적이 없어요. 있다는 건 어떤 형체를 두고 하는 말이 아니에요. 형태는 늘 변화하니까요. 저기 기왓장이 있어요. 그런데 기왓장은 원래 흙이었거든요. 구워

다 좋은 세상

서 기왓장이 됐어요. 그러다 기왓장을 부수어서 또 다른 데에 쓰면 있던 게 없어지는 게 아니라 계속 있던 것들이 자기의 시간을 달리 즐기고 있는 거죠.

사람도 마찬가지죠. 사람이 죽어서 재가 되고 남은 사람들이 그 재를 산천에 뿌려요. 사람이 없어진다거나 버려진다고 생각하면 재를 뿌리지 못해요. 우주 어디엔가 있다고 생각을 하죠. 정이라는 것도 일종의 단어이고 말인데, 현실도 정이에요. 현실이 정이 아니면 현실이 뭔지를 모르게 돼요. 그래서 정보(情報), 실정(實情), 사정(事情) 이런 말이 있잖아요. 말엔 아직도 흔적이 남아 있죠.

질량보존의 법칙이라는 건 체험을 통해 누가 확인한 결과가 아니에요. 세상의 모든 물질을 실험하긴 어려우니까요. 그러나 질량보존의 법칙이 없으면 물리학이라는 게 성립이 되지 않아요, 그렇죠? 물리학이 수식으로 뭔가를 성립하는 거니까. 그런데 있는 거는 마냥 시간 속에 있어요. 시간은 계속 달라져요. 그걸 한자로 될 화(化)라고 그래요. 화 자는 원래가 사람 인(人) 변에 죽을 사(死) 자를 쓸 때 쓰는 글자(匕)의 결합이라서, 화(化)는 사람이 죽는다는 뜻이 되지만, 죽어도 어디 안 간다는 생각까지 담고 있어요. 우리나라는 문에 화 자를 많이 썼어요. 경복궁의 광화문(光化門), 창덕궁의 돈화문(敦化門), 창경궁의 홍화문(弘化門), 혜화동의 혜화문(惠化門)이 그렇죠.

그런데 하이데거는 존재는 영원무한하지만 시간은 유한하다고 봤어요. 아직도 우리가 하이데거의 시대에 살고 있어요. 유한이라는 개념이 하이데거 철학에서 가장 중요한 개념이에요. 자기가 유한한 줄 모르면 사람이 아니라고 강조가 돼요. 이미 칸트가 한 말을 또 한 거죠. 그런데 우리의 감정은 자기가 유한하다고 생각 안 한대도요.

사람은 자기가 영원하고 무한하다고 느끼면 기분이 좋아져요. 감동받고요. 인생은 보나마나 부질없다고만 하면 감정이 슬퍼지는데, 하다못해 구리 반지를 나누면서 영원하고 무한한 사랑을 속삭일 수 있으면 기쁜 것이 감정의 진실이고 일상의 체험이에요.

모습은 늘 변합니다. 그거야 대수가 아니죠. 여러분들 태어난 대로 지금까지 있지 않잖습니까. 다 자랐잖아요. 조금 있으면 또 달라집니다. 저는 뭐 뻔해요. 얼마 있다 보면 이 모습은 다 없어지겠죠. 재가 되는지 나무가 되는지 모르지만 그렇다고 제가 없어지는 건 아닙니다. 다 제 집 아닙니까. 지금은 이 몸뚱이가 제 집이고 제가 여기 와 있으니까 이 강연장 안이 우리 집이에요. 그리고 온 우주 천지도, 우리들의 은하수도, 성운도 또 우리 집입니다.

어떤 때는 아무리 집이 좋아도 방구석에만 있다

다 좋은 세상

보면 갇혀 있는 것 같아서 안 나가면 못 견디잖아요. 나가고 싶어져요. 염려 마세요. 우리가 다 갑니다. 끝이 얼마나 먼지, 다 우리 집이라서요.

마음에 하는 경고

만약 평소 아끼던 컵이 깨져서 어떻게 다시 조각들을 붙일 수 없을까 궁리할 때 중요한 건 형태가 아니에요. 우리의 정이 중요해요. 그때 컵이라는 건 그 물체의 형과 어울려 지내던 자신의 정을 얘기하는 거예요. 어떤 건 깨버려도 대수가 아니지만, 아주 하찮은 것이라도 내가 평소 좋아했던 것이라면 정신없이 찾게 되는 거예요. 정은 몸과 마음이 분리된 적이 없는 사실인 자리예요. 몸만 가지고 얘기해도 사실이 아니고 마음만 가지고 얘기해도 사실이 아니에요.

사람을 죽이고도 참 잘했다고 하는 것은 그 사람의 정이지 그 사람의 몸도 아니고 그 사람의 마음도 아니에요. 그런데 정이 그럴 리가 없어요. 사람을 죽여 놓고 잘했다고 하는 정은 없어요. 스티븐 킹이 이런 문제의 도

다 좋은 세상

사예요. 별의별 끔찍한 괴기소설을 다 썼어요. 스티븐 킹의 책이 많이 팔리는 이유는 이러고저러고 그는 사람의 정을 주제로 독자들의 정에 호소하기 때문이에요. 그게 재밌는 거예요.

요즘에 우리가 자꾸 '심리'라는 말을 많이 쓰는데 내 손이 죽인 거지 내 마음이 죽인 건 아니야 하면 말이 안 되잖아요. 심리라는 말은 마치 몸과 마음이 따로 논다는 착각을 줘요. 마음[心]에 이치[理]가 따로 있다는 말이거든요. 하지만 그럴 수가 없어요.

몸에 대해 얘기할 때보다 마음에 대해 얘기할 때 조심해야 해요. 몸에 대한 얘기는 몸이 눈에 보이는 거니까 몸 따로 얘기 따로가 가능하지 않은데, 마음 얘기를 자꾸 하다 보면 마음도 안 보이고 말도 안 보여서 문자 그대로 몸은 상관이 없는 세상이 마음의 세계인 줄 알거든요.

그럼 우리가 물어야 해요. '마음'이라는 말이 당최 왜 생겼을까. 제가 아직 달나라를 가 본 적은 없지만 달나라 가는 꿈을 꾼다면 그건 마음이라고 보기 쉬워요. 몸은 여기 있으니까. 그런데 내용을 들여다보면 그때의 제 마음은 제 몸이 가는 걸 꿈꾸지, 마음이 혼자 가는 걸 꿈꾸지 않거든요. 몸은 가만 있지만 마음은 막 돌아다닌다고 하는데 이걸 정의 문제로 보면, 이때의 정은 제 몸도 달나라에 갔다 오는 걸로 보거든요. 제 마음이 하는 일에 몸이 빠지는 게 아니라고 본다고요. 꿈의 내용도 몸이 달나라에 가는 거였으니까요.

프로이트의 꿈도 정이라고 할 수 있어요. 한 일은 아무것도 없이 자면서 꿈만 꿨는데 땀이 흥건하게 배어 있을 때가 있죠. 몸과 마음이 같이 있어서 겪는 일이에요.

몸과 마음이 따로 있다는 생각, 더 나아가서 몸은 썩어 버리는 거라서 몸에 얽매이면 안 된다는 생각, 몸은 욕망 덩어리이고 인간은 몸을 벗어나야 한다는 관념은 신비주의로 이어집니다. 《프로테스탄트 윤리와 자본주의 정신》(1905)에서 막스 베버가 얘기한 바 있죠. 자본주의의 밑바닥에 깔린 윤리개념은 이까짓 몸은 아무것도 아니라고 보는 신비주의예요. 막스 베버는 몸은 죽으면 두고 가는 거지만 마음은 죽지 않아서 사후세계가 중요하고 열심히 몸을 혹사해서 돈을 벌어 놓으면 사후세계에 그 돈을 쌓아 둘 수 있다는 생각이 자본주의의 출발이라고 분석했어요. 막스 베버가 이 책을 통해 사회학의 기초를 훌륭하게 닦았죠. 학문은 사실에 근거해야 하는데 몸이 악이라고 하는 순간, 몸을 가지고 있는 사람도 자기 얘기를 안 하게 돼요.

우리가 이따금씩 돌멩이도 정이 있을까 묻잖아요. 돌멩이는 자기 표현을 하지 않으니까 정이 없다고 생각해요. 그에 대한 오래된 대답이 바람 얘기예요. 바람은 다 좋은 세상의 소리인데요, 바위가 있는 것과 없는 것의 바람 소리가 다르잖아요, 그렇죠? 바위가 있는 곳의 바람 소리가 달라지는 걸 듣고 바위의 소리라고 했어요. 그래서 옛날 사람들은 시를 '바람'이라고 했어요. 그리고 바람이라는 말이 그리스어로 프뉴마(pneuma)인데요, 이걸 우리는 '성령'이라고 번역해요. 정은 바람이고 바람은 몸의 소리라고 생각했던 거예요. 소리라는 건 여기 있다는 걸 뜻하니까요.

세상의 모든 개체에는 소리가 있는데, 다른 것들과는 달리 인간에게는 소리와 더불어 말이 있어요. 사전도 만들고. 이건 다른 동물들과는 구별되는 특징이죠. 그래서 마음이라는 게 따로 있다는 생각을 하게끔 된 거예요. 그리고 마음이 따로 있다는 생각에 다른 동물들은 못하는 엄청난 일을 인간의 마음이 한다는 착각을 하게 되고요. 마음이 따로 있지 않고 몸과 마음이 떨어진 적이 없다고 하면 문제가 안 생겨요.

사람이 믿는다는 일

용서는 잘못한 것을 잘못한 대로 덮어 두는 것일까요? 내가 나쁜 짓을 했어요. 추궁을 당해요. 차마 얘기를 못하겠어요. 이럴 때 나는 내 일이 알려지는 것을 염려하는 것이 아니라 알려지는 것 때문에 사람들이 나를 믿지 못할까 봐 두렵습니다.

　　내가 무슨 잘못을 했는지 알지 못하는 상대방이 '알았어. 말 못하겠다는 거네. 그래도 용서할게'라고 얘기한다면, 이 말을 듣고 내가 꼭 믿음직해서 믿어 주는 게 아니라 믿지 않으면 안 되는 게 사람이기 때문에 믿어 주는 거로구나 하고 깨닫는다면, 이게 바로 용서가 제대로 일한 겁니다. 만약 누군가를 용서했는데 용서가 제대로 일을 하지 않는다면 상대방이 말로만 용서였지 진짜 용서는 아니었다고 생각하기에 그렇습니다.

다 좋은 세상

요즘은 알지 않으면 안 되는 세상입니다. 그런데 안다는 것에는 한도가 있지 않습니까. 모르는 일이 많습니다. 능력이 부족해서일 수도 있지만 일부러 속이는 사람들이 있어서이기도 합니다. 또 감추기 때문이기도 하고요. 이렇게 다 알지 못할 때는 어떻게 믿음을 챙기지요? 믿어 주는 수밖에 없습니다.

'알기 위해서 죽더라도 싸워서 결판을 내자.' 이건 해결방안이 아닙니다. 우리는 알려고 싸우는 것이 아니라 사실은 믿음 때문에 싸우는 것이니까 지는 것 같아도 믿음을 챙기고 사는 수밖에 없습니다. 그것이 바로 용서입니다.

용서는 잘못해도 좋다는 얘기가 절대 아닙니다. 믿어 주는 것을 용서라고 합니다. 왜 용서해야 하지요? 네 마음이나 내 마음이나 사람 마음은 다 한가지이기 때문입니다. 이게 용서에서 서(恕)의 의미입니다. 같은[如] 마음[心]입니다. 사람은 다 살고 싶고, 사람 노릇하고 싶습니다. 숨겨도 나처럼 사람 노릇하려고 숨기는 것이고, 거짓말을 하고 별 못된 짓을 다 해도 나처럼 살려고 한 것일 테니까 일단 믿어 주라는 것입니다. 믿어 주면 그다음에 무엇이 오는가 보세요. 용서 때문에 평화가 유지됩니다.

평화가 유지되면 뜻하지 않은 일이 벌어집니다. 평화 속에서는 안심이 되니까 사람이 숨기지를 않습니다.

다 털어놓습니다. 몇 년 전 있었던 일을 갑자기 고백하는 일이 벌어집니다. '여보, 몇 년 전 일 기억나? 사실은 이런 거야' 합니다. 이제는 안심이 되니까 욕을 먹을망정 다 털어놓습니다.

이때 믿는다는 것을 잘 챙겨야 합니다. 믿는 것이 학문과는 상관없다고 해서 신비주의로 빠지면 막스 베버가 《프로테스탄트 윤리와 자본주의 정신》에서 설명하는 것처럼 무한자본이 생겨납니다. 또 믿는 것은 알아야 챙기는 것인데 알 수 없는 것은 믿지 말자고 하면 유물론자가 돼 버립니다. 이것도 또한 무시무시하게 비인간적인 세상을 초래합니다.

우리는 물론 믿기 위해서 배워야 하고, 믿기 위해서 서로 알려 주고 알게 할 책임이 있습니다. 그러나 곡절이 딱해서 속이고 감출 때도 있습니다. 여기서 딱한 곡절이란 다른 것이 아닙니다. '못 믿을까 봐'가 가장 딱한 곡절입니다. 애들이 엄마를 속이고 감추는 것은 엄마가 자기를 못 믿을까 봐 그럽니다.

그럴 때 엄마가 거짓말은 나쁘다고만 몰아세우면 아이들은 계속 거짓말을 합니다. '엄마는 너를 믿는다, 감추지 않아도 돼, 내 자식이 어디 가겠니' 하면 그때부터 아이는 거짓말하지 않습니다.

다 좋은 세상

다 좋은 세상은 믿고 사는 삶

여러분, '다 좋은 세상'은 제가 그냥 해 보는 얘기가 아니라 사실이어서 우리가 증명을 하면 됩니다. 증명이라는 건 실험을 통해야 합니다. 그러니까 실험을 하세요. 우리 삶의 현장에 버금가는 실험장이 없습니다. 다 좋은 세상이 맞는지 틀린지 실험하세요. 그러면 백발백중 다 좋은 세상이 판명됩니다. 그래서 이 얘기가 5천 년이 넘게 이어져 오고 있습니다. 석가모니도 공자도 맹자도 소크라테스도 예수도 늘 하던 얘기니까요.

그리고 나도 소중하고 남도 소중하니까 호문호찰(好問好察) 잘하세요. 정이 호문호찰입니다. '왜 슬프지? 왜 화가 나지?' 물으시고, 기쁠 때는 무엇이 기쁜 건지 즐거울 때는 무엇이 즐거운 건지 잘 살피세요. 나를 언짢게 하는 누군가가 있다면, '상대방도 나도 나쁜 사람이 아닌데 왜 이렇게 기분이 안 좋지?' 하고 질문하세요. 답은 나한테서 찾으시는 거예요. '지금 내 기분이 왜 이렇지?'는 내가 물어야 할 내 질문이에요. 그래도 답이 안 나온다면 '내가 모르는 게 뭘까?' 하고 내가 아는 것만으로는 안 되겠다는 걸 알고 다시 답을 찾아야 해요. 이때 "나한테 왜 그랬어?" 하는 건 상대방에게 질문하는 거예요. 이건 감정의 자기인식이 아니에요. '내가 왜 화가 났지? 내가 모르는 게 뭘까?'라고 물어야 감정의 자기인식이에요. 상대방이 어딘가에서 무슨 일을 당해서, 혹여 심각한 병에 걸렸음이 확인돼서 나한테 기분 나쁘게 굴었을 수도 있잖아요. 상대방의 딱한 곡절을 알게 되면 그건 그 사람 사정이라고만 생각할 게 아니라 나였다면 아마 까무러쳤을 텐데 하고 계속해서 자기한테 묻는 게 호문호찰입니다. 두리번거린다는 말이 아니에요. 자기 정을 살피는 거예요. 상대방의 곡절 때문에 내 기분이 언짢은 게 아니라 내가 몰랐기 때문에 내 기분이 언짢았고 상대방을 나쁘게 생각했어요. 상대방의 곡절은 상대방의 문제였지만, 몰랐던 건 내 문제이기 때문에 나의 정은 나의 문제예요.

우리가 역지사지라고 하는데, 자리를 바꿔 생각하는 건 어려워요. 그 사람의 자리가 어디인지조차 알기가 어려운데 어떻게 그 자리에서 생각하는 게 되겠어요. 자리를 바꾸면 어떻게 생각하는지 모르게 돼요. 능동이 아

다 좋은 세상

니라 수동이 돼요. 퇴계가 말한 기발이승(氣發理乘), 스피노자가 말한 '정신의 수동 상태'가 돼요. 이렇게 되면 세상을 많이 알수록 원망이 늘어요. 감정의 자기인식이어야만 세상을 더 많이 알면 알수록 다 좋은 세상임을 확인할 수 있어요.

　　나도 좋고 남도 좋으려면 무엇보다 정이 앞장서야 하는데 다른 것들을 먼저 내세울 때가 많습니다. 사실은 정이 앞장서서 지금까지 잘 살아오신 거니까 그 믿음 버리지 말고 줄곧 그렇게 해 보세요. 그럼 알아요, 있는 것은 다 좋다는 것. 너도 나도 그 누구도 그 무엇도. 그래서 다 좋은 세상입니다.

일러두기

본문 중 일부는 저자의 다음 글을 발췌하고 보완하여 새로 엮었습니다.

<성철 돈수론 소고>(성철 스님 10주기 국제학술대회 주제발표 논문),
    2003
<"알 수 없는 것" 철학의 유령>(서울대학교 철학사상연구소
    강연 원고), 2004
<퇴계학 진흥과 지구촌의 행복>(퇴계학진흥협의회 강연 원고), 2011
<21세기 지구촌의 새로운 철학 퇴계>(국제퇴계학회 기조 논문),
    2011
<건축과 감정과학>, 박길룡 외 지음, 《문화교차》,
    국민대학교출판부, 2011
<서양 철학의 흐름과 한계>(한국종교발전포럼 강연 원고), 2013
<인문학과 문화융성>(전국 박물관·미술관 관장 컨퍼런스 강연 원고),
    2013
<종교의 흐름과 한계>(한국종교발전포럼 강연 원고), 2015

다 좋은 세상

인용 출처

29·30쪽   플라톤,《파이돈》, 전헌상 옮김, 이제이북스, 2013

31쪽   플라톤,《국가·政體》, 박종현 옮김, 서광사, 2005

38쪽   플라톤,《향연》, 강철웅 옮김, 이제이북스, 2014

57·58쪽   임마누엘 칸트,《이성의 한계 안에서의 종교》,
         백종현 옮김, 아카넷, 2015

60쪽   G. W. F. 헤겔,《정신현상학 2》, 임석진 옮김, 한길사, 2005

73쪽   애덤 스미스,《국부론 상》, 김수행 옮김, 비봉출판사, 2007

81쪽   플라톤,《국가·政體》, 박종현 옮김, 서광사, 2005

86쪽   토마스 홉스,《리바이어던》, 최공웅·최진원 옮김,
         동서문화사, 2009

87쪽   질 들뢰즈,《스피노자의 철학》, 박기순 옮김, 민음사, 1999

95쪽   임마누엘 칸트,《순수이성비판 1》, 백종현 옮김, 아카넷,
         2006

96쪽   임마누엘 칸트,《순수이성비판 1》, 백종현 옮김, 아카넷,
         2006

96쪽   임마누엘 칸트,《윤리형이상학 정초》, 백종현 옮김,

아카넷, 2005

97쪽   임마누엘 칸트,《이성의 한계 안에서의 종교》,
백종현 옮김, 아카넷, 2015

97쪽   임마누엘 칸트,《윤리형이상학 정초》, 백종현 옮김,
아카넷, 2005

113쪽   이황,《성학십도》, 이광호 옮김, 홍익출판사, 2012

114쪽   B. 스피노자,《에티카》, 강영계 옮김, 서광사, 2007

117쪽   공자,《논어강설》, 이기동 옮김, 성균관대학교출판부, 2005

132쪽   공자,《논어강설》, 이기동 옮김, 성균관대학교출판부, 2005

139쪽   B. 스피노자,《에티카》, 강영계 옮김, 서광사, 2007

다 좋은 세상

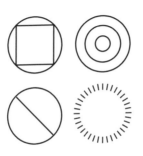

다 좋은 세상
All Good World

ⓒ 전헌, Printed in Korea

1판 1쇄 2016년 3월 25일
1판 2쇄 2016년 4월 29일
ISBN 979-11-957505-0-4

지은이. 전헌
펴낸이. 김정옥
펴낸곳. 도서출판 어떤책
주소. 14256 경기도 광명시 오리로 801 105동 1103호
등록. 제2015-000025호
전화. 02-897-1395
팩스. 02-6442-1395
전자우편. acertainbook@naver.com
블로그. acertainbook.blog.me
페이스북. www.fb.com/acertainbook

책에서 길을 찾는 여러분은 어제보다 오늘 더 좋은 사람입니다.
도서출판 어떤책은 여러분에게 꼭 필요한 책을 만들겠습니다.

이 도서의 국립중앙도서관 출판예정도서목록(CIP)은
서지정보유통지원시스템 홈페이지(http://seoji.nl.go.kr)와
국가자료공동목록시스템(http://www.nl.go.kr/kolisnet)에서 이용하실 수 있습니다.
CIP제어번호. CIP2016005888

안녕하세요, 어떤책입니다. 여러분의 책 이야기가 궁금합니다.

블로그 acertainbook.blog.me
페이스북 www.fb.com/acertainbook

점선을 따라 가위로 오려서 보내 주세요 ✂

보내는 분

이름

주소

우편요금
수취인 후납
발송유효기간
2016.3.1~2018.2.28
광명우체국승인
제40255-40086호

14256 경기도 광명시 오리로 801 105동 1103호

a
certain
book

도서출판 어떤책

아래 질문들에 답해 주세요. 지난 책을 통해보고 새 책을 기획하는 데 큰 도움이 됩니다. 모든 질문에 복수로 답하셔도 좋습니다.

1. 구입하신 어떤책의 책 제목은 무엇인가요?

2. 이 책에서 가장 인상 깊었던 구절은 무엇인가요?

3. 이 책을 다 읽고 어떤 기분이 드셨나요?

①만족 ②실망 ③공감 ④두려움 ⑤설렘 ⑥심기일전 ⑦슬픔 ⑧분노 ⑨어서움 ⑩따뜻함 ⑪뿌듯함 ⑫부러움 ⑬황당함
⑭기타

4. 이 책을 어떻게 아셨나요?

①신문이나 잡지 서평을 읽고 ②서점에서 보고 ③인터넷서점에서 보고 ④포털 등 인터넷사이트에서 보고 ⑤선물받음 ⑥지인의 소개로
⑦관심 키워드를 검색하다가 ⑧기타

5. 최근 읽은 책 중에 가장 좋았던 것은 무엇인가요? 작가   책제목

6. 도서출판 어떤책의 뉴스레터(1년에 2~4회 발행)를 보내드릴까요? 이메일 주소

7. 도서출판 어떤책이나 저자에게 하고 싶은 말씀

점선을 따라 가위로 오려서 보내 주세요 ✂